Coup de Pouce

Guitare Acoustique volume 2

Réf : MF 911

Conçu et réalisé par

DENIS ROUX

Avec la participation de **Philippe Rallu et Silvio Biello**

Dessins: **Doumé création**

Tous droits réservés pour tous pays © 1997
Dépot légal : 4ème trimestre 1997

OUVRAGE PROTÉGÉ
PHOTOCOPIE INTERDITE
MÊME PARTIELLE
(Loi du 11 mars 1957)
constituerait CONTREFAÇON
(Code pénal Art. 425)

ÉDITIONS Coup de Pouce
www.editions-coupdepouce.com
BP 40021 • 95410 Groslay • ☎ 01 39 84 09 93

Mercà Music Distribution
R.N. 193 Imm. Seddas
20600 FURIANI
Tél/Fax : 04 95 58 84 13
Siret : 402 284 558 00028
http://www.merca-music.com

PRÉFACE

Cette méthode qui fait suite au coup de pouce débutant guitare acoustique volume 1 s'adresse aux musiciens voulant se perfectionner dans des styles divers.

Guidés par le CD joint à cette méthode vous pourrez jouer 10 morceaux ou extraits célèbres pour guitare en version le plus souvent simplifiée.

La plupart des morceaux de cette méthode sont enregistrés à tempo normal suivie d'une version à tempo plus lent.

Notez que l'index du CD pour écouter le morceau sera placé en haut à droite de la page et que, pour certains morceaux les versions lentes seront enregistrées sans les reprises.

Cette méthode comprend aussi un large chapitre consacré à la technique des battements et des arpèges.

A vos guitares et bon courage !

Sommaire

A savoir

Voici les différents signes rencontrés dans cette méthode.

Le Solfège

La Tablature

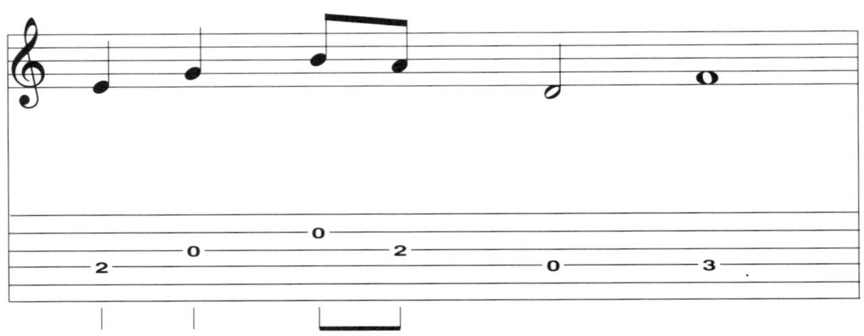

La tablature est un système de 6 lignes horizontales représentant les 6 cordes de la guitare. Le chiffre sur la ligne indique le n° de la case où il faut appuyer.
Le chiffre 0 est une corde jouée à vide.

H = le hammer 3 ⌒ 5 note tapée de la case 3 à la case 5

PO = le hammer 5 ⌒ 3 note tirée de la case 5 à la case 3

SL = le Slide 3 ⟶ 5 note glissée de la case 3 à la case 5

B = Bend 5 (7) jouez la première note case 5 et poussez vers le haut jusqu'à entendre la note de la case (7)

RB = Réverse Bend (7) 5 5 jouez la 1ère note dèja montée et laissez redescendre le doigt jusqu'à entendre la note suivante.

Λ = Coup de médiator vers le bas.

V = Coup de médiator vers le haut.

/ = Ce signe indique les notes de l'accord précédent.

X = Ce signe indique que le son est étouffé, en relâchant la pression de la main gauche (note morte).

♫ = ♪♪♪ (3) = Les croches sont jouées ternaires.

vib = Note à faire vibrer.

= Egrénez les cordes de haut en bas.

Le chiffrage des accords

Do	Ré	Mi	Fa	Sol	La	Si
↓	↓	↓	↓	↓	↓	↓
C	D	E	F	G	A	B

© 1997 Éditions Coup de Pouce

Tous droits réservés pour tous pays

A.B.C. du solfège

La musique s'écrit principalement avec les signes suivants : les notes et leurs valeurs, les clés, les silences, les altérations.

La Portée

C'est un ensemble de 5 lignes horizontales et parallèles. Les notes se placent sur les lignes ou dans les interlignes. On compte ces lignes de bas en haut.

Les Notes

Selon leur position sur la portée, elles expriment des sons différents (bas de la portée = notes graves. haut de la portée = notes aiguës).

Figures Des Notes

Ces figures expriment la durée des notes. Il existe 7 figures de notes. L'arrangement de ces figures entre elles forment le rythme.

voir page 7

La Clé de

Placée sur la 2ème ligne de la portée, elle donne le nom de SOL à la note placée sur cette même ligne.

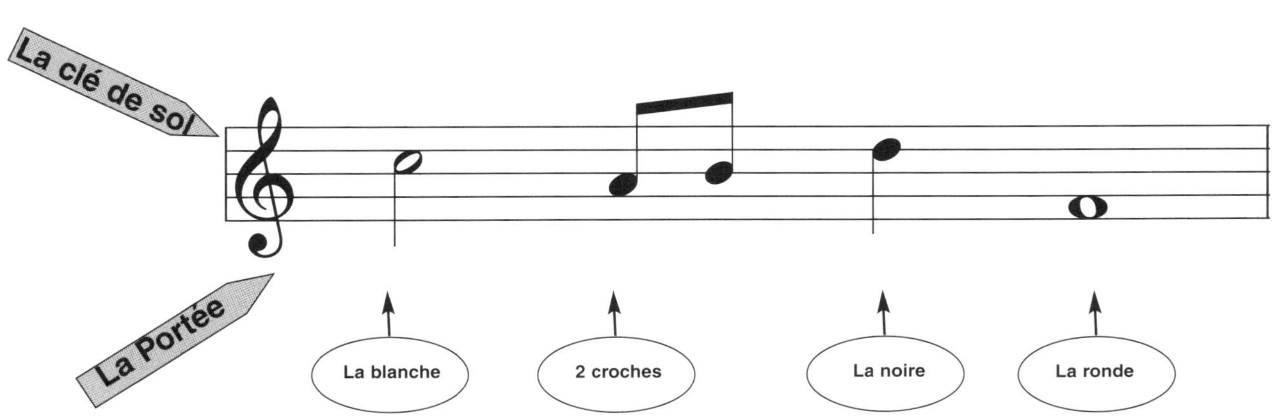

© 1997 Éditions Coup de Pouce

Tous droits réservés pour tous pays

Les Silences

Les silences sont des signes qui indiquent l'interrruption du son.
Suivant les figures, les silences sont plus ou moins longs.

voir page 7

La Mesure

Un morceau de musique est constitué de plusieurs parties, d'égales longueurs, appelées mesures.
Les mesures sont séparées par des barres de mesure.

Les Temps

Toute mesure se divise en plusieurs parties égales appelées temps. Le nombre de temps par mesure est indiqué au début du morceau sous forme de fraction.

2/4 3/4 4/4 ou C

Le chiffre supérieur indique le nombre de temps par mesure.
Le chiffre inférieur indique l'unité de temps : 4 veut dire quart de la ronde, c'est - à - dire la noire.

Ton & Demi-ton

Sur la guitare 1 ton = 2 cases

Les degrés ou notes de la gamme ne sont pas également espacés entre eux.
La distance la plus grande se nomme ton, la plus faible 1/2 ton
Exemple sur la gamme majeure de do.

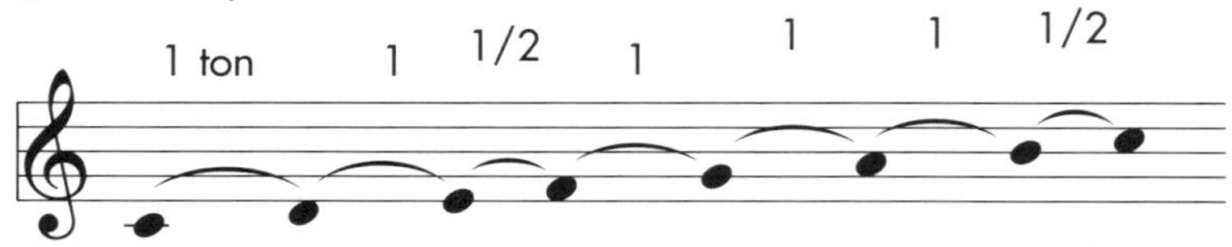

Les Altérations

L'altération est un signe qui modifie le son de la note à gauche de laquelle il est placé. Il y a 3 types d'altération : Le dièse (♯) qui élève la note d'un demi-ton ; le bémol (♭) qui abaisse d'un demi-ton et le bécarre (♮) qui détruit l'effet du dièse ou du bémol.

REMARQUE : Dans la 2ème mesure, le do est naturel. L'effet du ♯ et du ♭ n'est valable que jusqu'a la fin de la mesure.

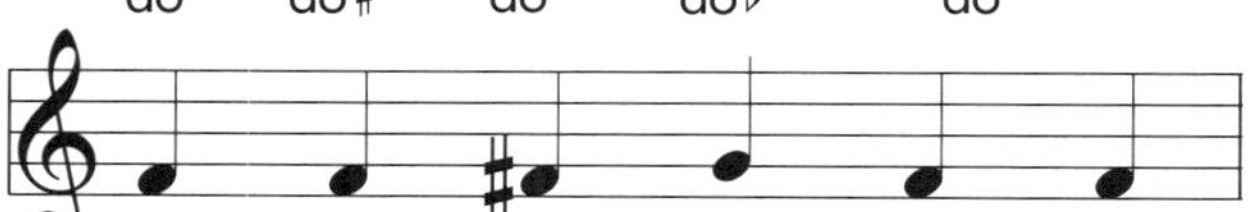

REMARQUE : L'altération placée devant une note conserve son effet sur toute note placée sur la même

© 1997 Éditions Coup de Pouce

Tous droits réservés pour tous pays

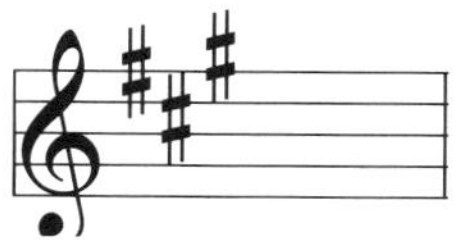

Les dièses ou les bémols placés en début de portée forment l'armature de la clé. Leur effet se prolonge sur tout le morceau quel que soit l'octave des notes qu'ils altèrent.

Toutes ces notes sont ♯

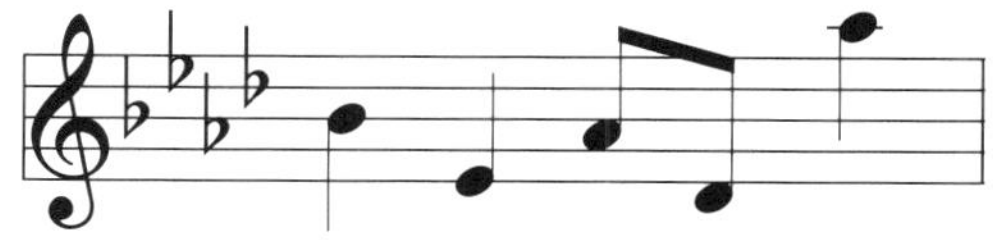

Toutes ces notes sont ♭

Barres de Reprise

Une double barre précédée de deux points indique qu'il faut répéter la partie se trouvant du côté des points.

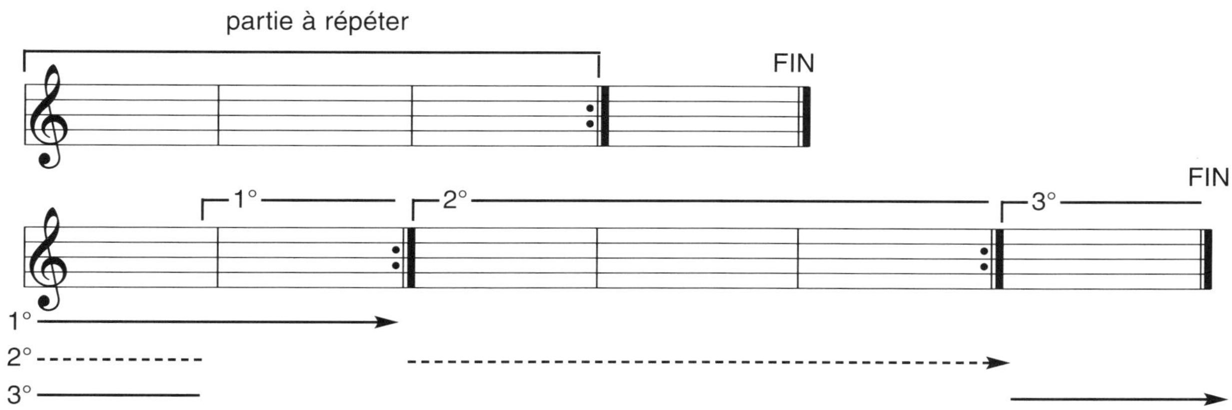

DURÉES DES NOTES & DES SILENCES

Figure des notes	nom	durée	Figure des silences	nom	durée
𝅝	la ronde	4 temps	𝄻	la pause	4 temps
𝅗𝅥	la blanche	2 temps	𝄼	la demi pause	2 t
♩	la noire	1 temps	𝄽	le soupir	1 t
♪	la croche	1/2 t	𝄾	le demi soupir	1/2 t
𝅘𝅥𝅯	la double croche	1/4 t	𝄿	le quart de soupir	1/4 t
𝅘𝅥𝅰	la triple croche	1/8 t	𝅀	le huitième de soupir	1/8 t
𝅘𝅥𝅱	la quadruple croche	1/16 t	𝅁	le seizième de soupir	1/16 t

REMARQUE les croches, doubles, triples, quadruples, peuvent être liées

© 1997 Éditions Coup de Pouce

Tous droits réservés pour tous pays

Le Point

Se place après une note et augmente la valeur de cette note de la moitié de sa durée primitive.

exemple
- une blanche pointée = 3 temps
- une noire pointée = 1 temps 1/2
- etc.....

La Liaison

Est un signe qui unit deux notes de même son quelle que soit leur durée. On ajoute la valeur de la deuxième note à la valeur de la première.

exemple :

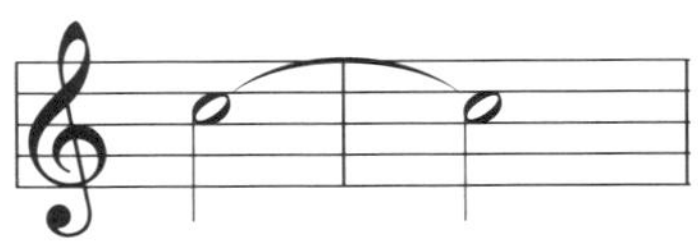

→ Ce dO dure 4 temps

Le Triolet

Le triolet est la division ternaire (division par trois) d'une figure de note. On place

exemple :

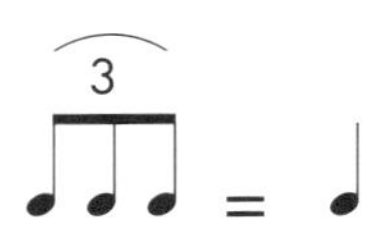

→ Ce triolet de croches équivaut à une noire.
Compter 1 - 2 - 3 par temps

Un triolet peut ne pas former un groupe de 3 notes égales :

exemple :

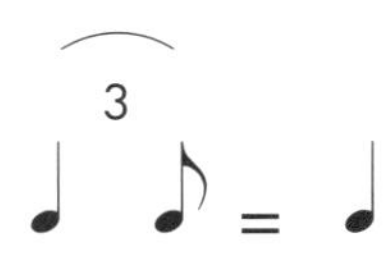

Le silence peut aussi faire partie du triolet :

exemple :

Jouez les croches ternaires

Les croches jouées ternaires, c'est-à-dire sur le 1 et le 3 du triolet
Afin de clarifier la lecture, cette notation est courante en musique dite «ternaire».

Exercice

Compter 1 - 2 - 3 régulièrement et taper dans vos mains sauf pour les numéros entourés.

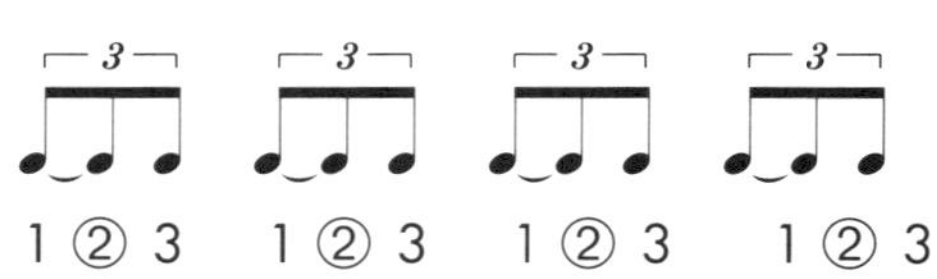

© 1997 Éditions Coup de Pouce

Tous droits réservés pour tous pays

Les Effets

Les effets permettent d'enrichir l'interprétation d'un morceau ; ces effets sont employés dans tous les styles de guitare.
Ce signe ⌒ sera employé pour les 2 liaisons (hammer ou pulling).
NB. Ne pas confondre avec la liaison rythmique qui sera indiquée par le même signe (voir page 8).

Le hammer = H

La 1ère note est jouée normalement ; la 2ème sera frappée avec un autre doigt. Le doigt tape droit comme un petit marteau.
Le hammer sera indiqué par ce signe (**H**).

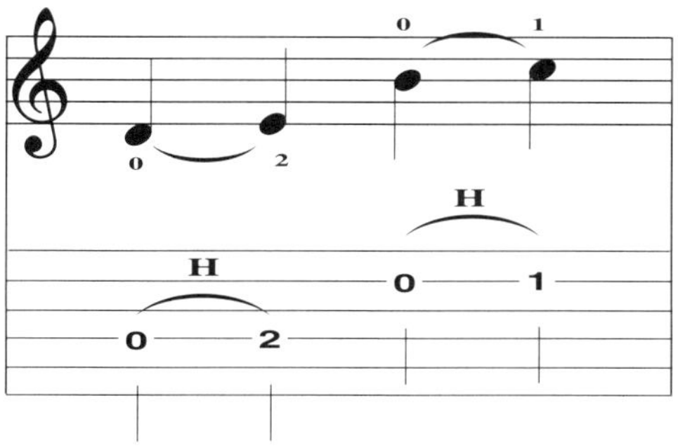

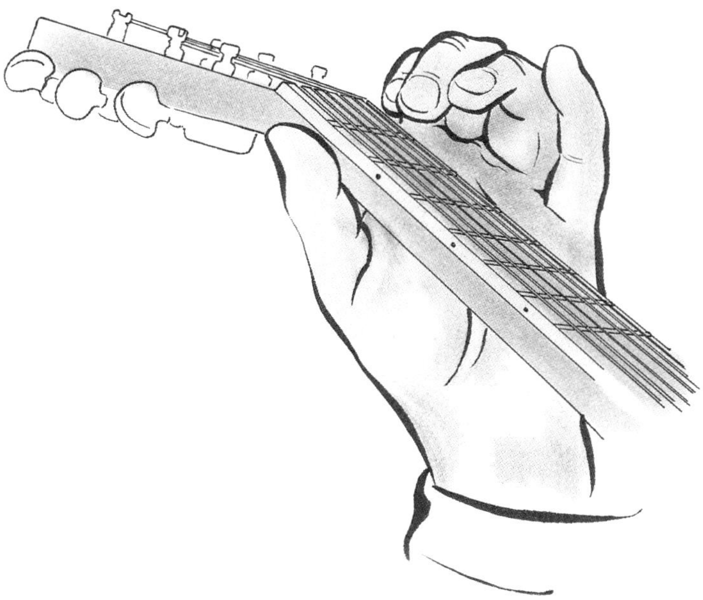

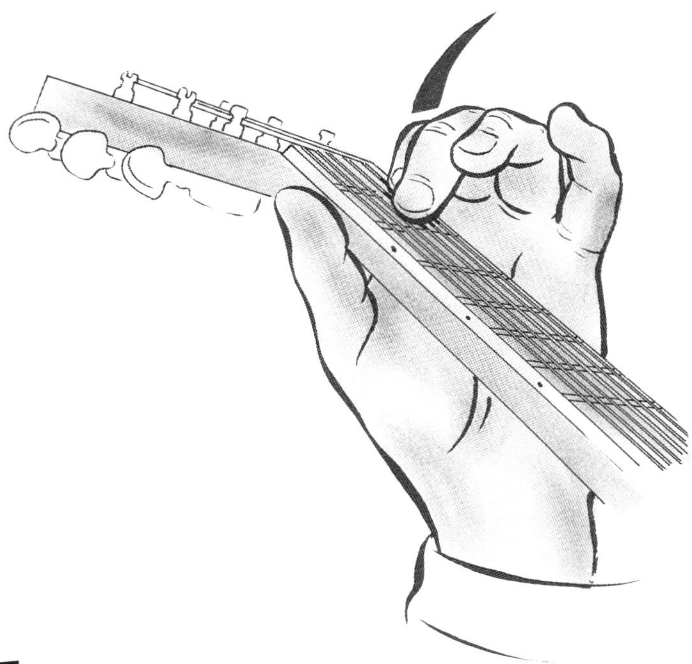

© 1997 Éditions Coup de Pouce

Tous droits réservés pour tous pays

Les Effets

Le Pulling = PO

La 1ère note est jouée normalement ; la 2ème sera obtenue en tirant la corde avec le doigt de la main gauche utilisé pour jouer la 1ère note.
Le pulling sera indiqué par ce signe (PO).

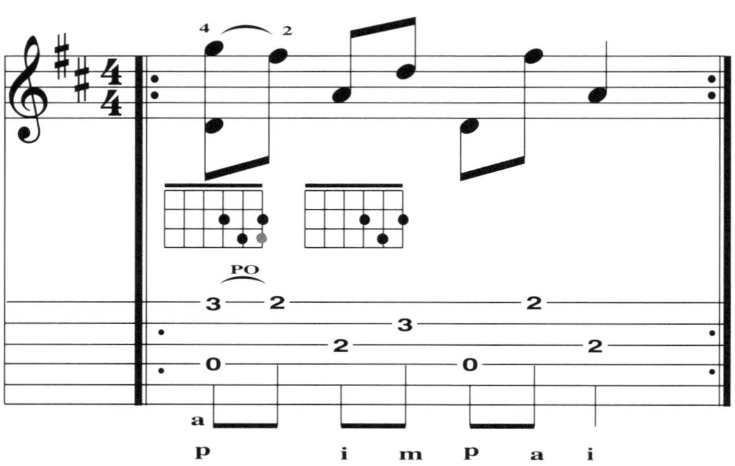

© 1997 Éditions Coup de Pouce

Tous droits réservés pour tous pays

Les Effets

Le Slide = SL

Le doigt glisse sur la corde d'une case à une autre en restant appuyé sur le manche. Le glissé pourra se faire d'une note grave à une note aiguë ou d'une note aiguë à une note grave. Le glissé sera représenté par ce signe (⟶).

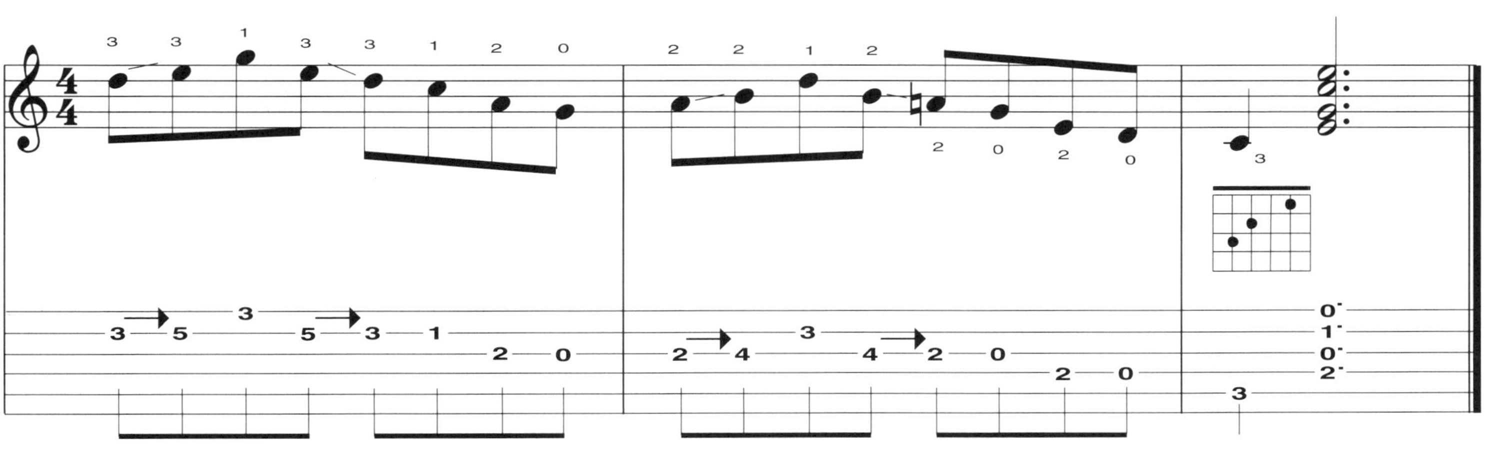

© 1997 Éditions Coup de Pouce

Tous droits réservés pour tous pays

La Technique

Les Effets

Le bend consiste à jouer normalement la 1ère note et ensuite à pousser pour atteindre une autre note. Ce signe (/) indique qu'il faut pousser la corde vers le haut. En solfège, cet effet sera indiqué de la même façon que les autres liaisons (⌒). En tablature, le numéro entre parenthèses indiquera la note à atteindre.

Le Bend = /

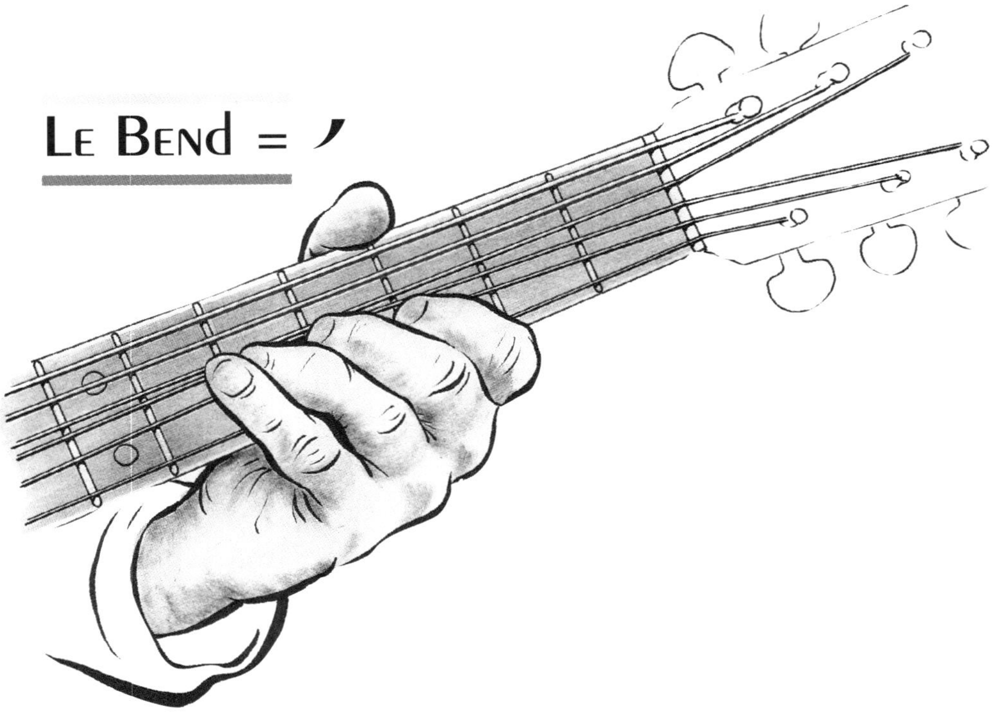

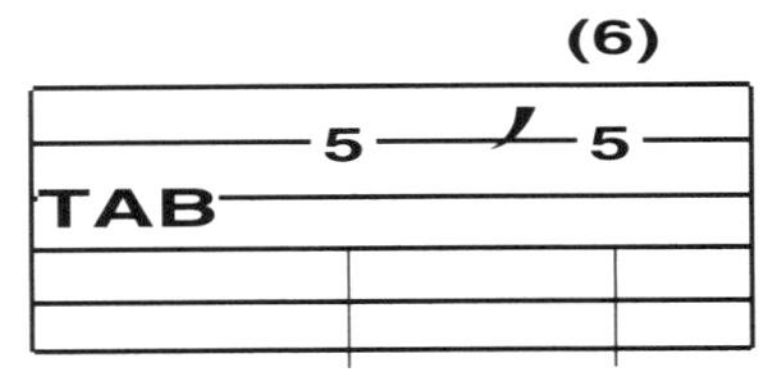

Le Vibrato = ∿∿

Couramment employé cet effet consiste à faire vibrer la corde en faisant un mouvement repété de va-et-vient.

Vibrato blues

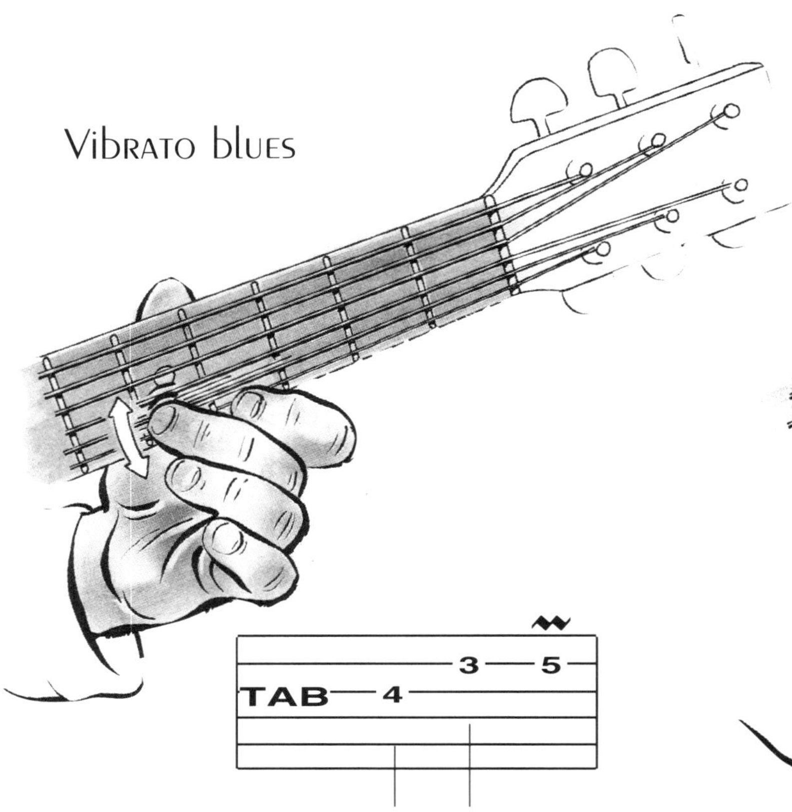

Vibrato classique

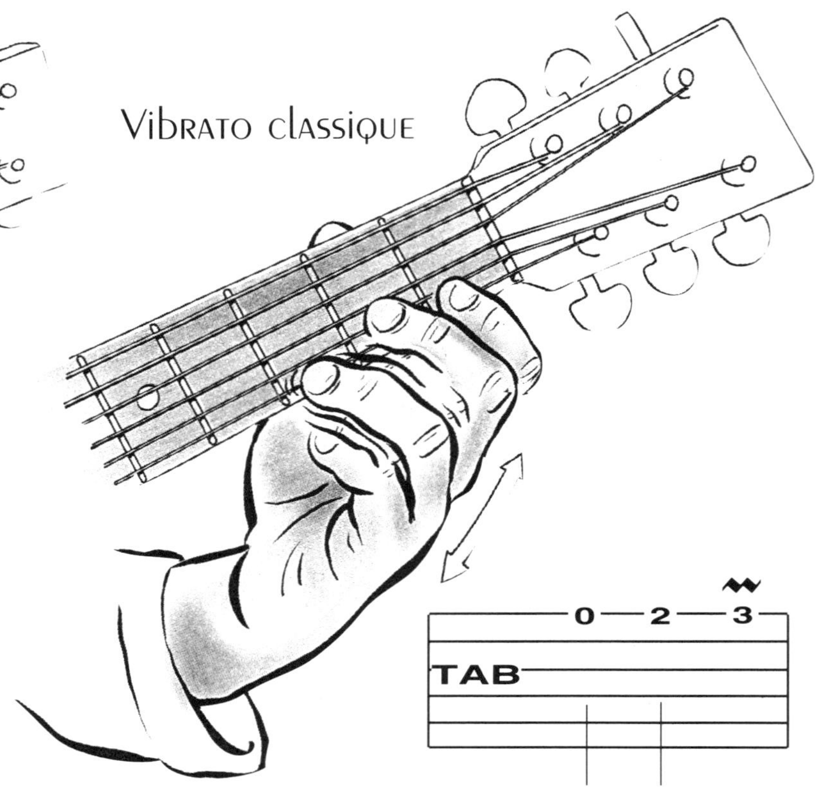

© 1997 Éditions Coup de Pouce
Tous droits réservés pour tous pays

Technique aux doigts

Nous vous rappelons que la technique des arpèges consiste à jouer les notes d'un accord les unes à la suite des autres avec le pouce, l'index, le majeur et l'annulaire de la main droite. Cette technique permet de nombreuses combinaisons de rythmes et de doigtés. Très souvent, les arpèges sont cycliques, c'est à dire que leur rythme ou leur doigté se répète en général sur 1 ou 2 mesures.

Le doigté main droite est généralement le suivant:

Le **P**ouce joue les cordes de *mi, la ou ré*
L' **I**ndex joue la corde de *sol*
Le **M**ajeur joue la corde de *Si*
L' **A**nnulaire joue la corde de *Mi* 1ère

© 1997 Éditions Coup de Pouce

Tous droits réservés pour tous pays

Les arpèges

Voici pour débutez un arpège trè simple, avec un enchaînement d'accords assez classique.
Respectez bien le doigté indiqué par les petits numéros à coté des notes.
Comme pour la plupart des exercices de cette méthode sur le CD vous entendrez une version à tempo normal suivie d'une version à tempo plus lent.

Notez que ce signe ⌇ indique que l'accord est égréné.

Exercice 1

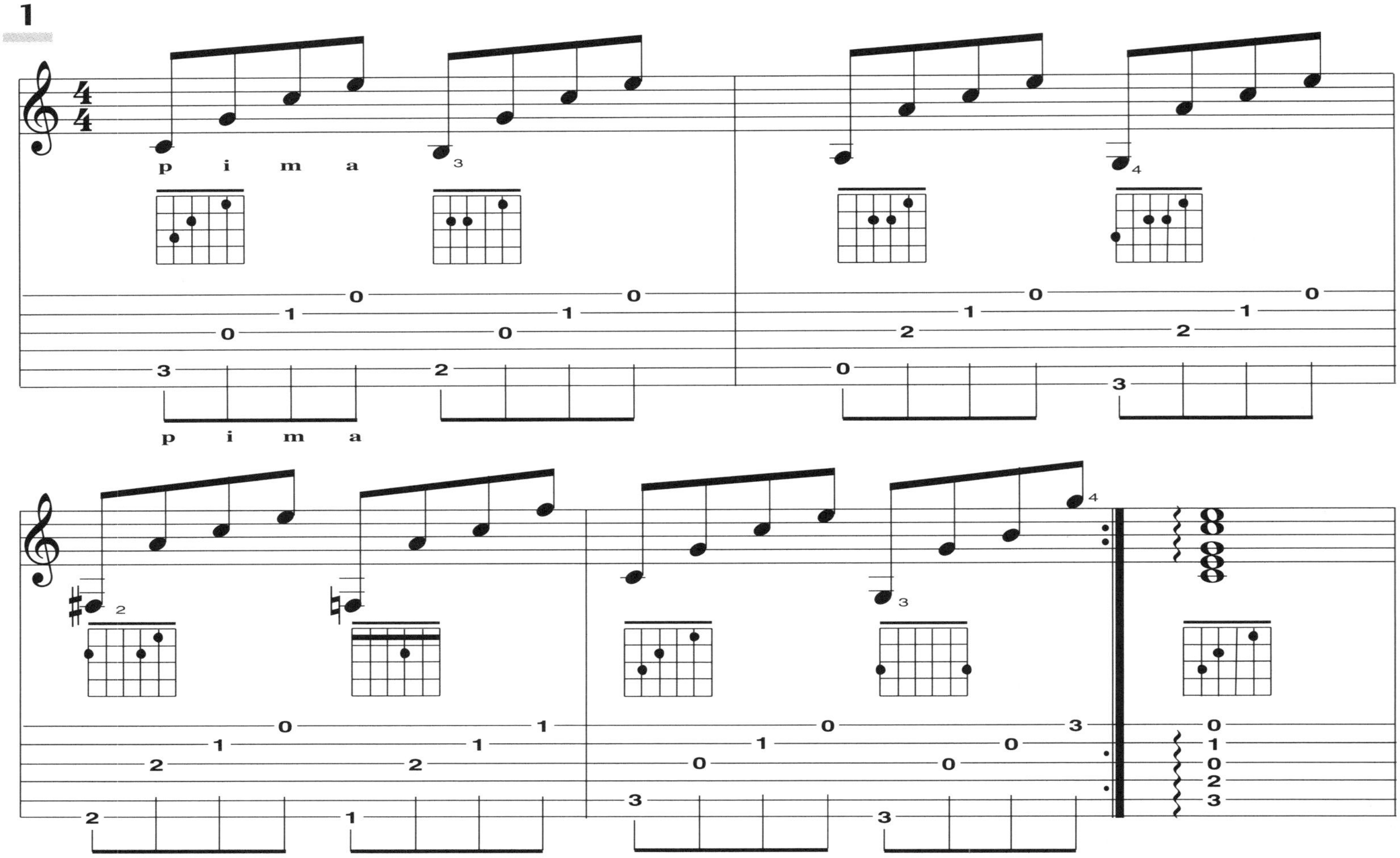

© 1997 Éditions Coup de Pouce

Tous droits réservés pour tous pays

Les arpèges

La particularité de cet arpège est de pincer 2 cordes en même temps avec le pouce et l'annulaire. Attention de bien respecter le doigté de le main droite.

Exercice 2

© 1997 Éditions Coup de Pouce

Tous droits réservés pour tous pays

Les arpèges

Voici un arpège sur des accords «jazzy» où les croches sont jouées ternaires (voir explication p.8).
L'index, le majeur et l'annulaire jouent les cordes de Ré, Sol, Si.
La main gauche relâche sa pression entre chaque accord et l'index joue la corde de Ré à vide, pour faciliter le passage de chaque accord. Les croches seront jouées ternaires.

Exercice 3

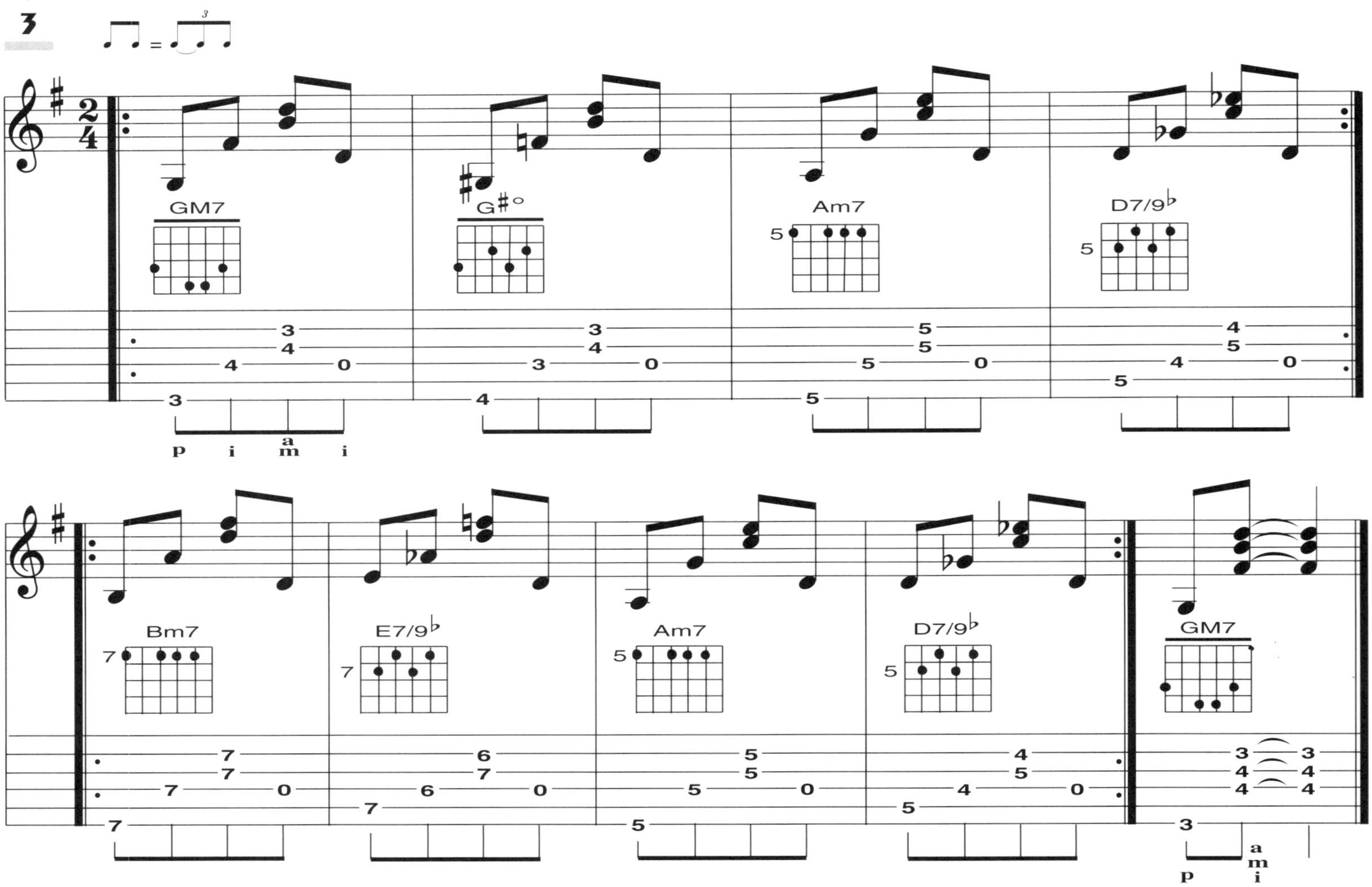

© 1997 Éditions Coup de Pouce

Tous droits réservés pour tous pays

Les arpèges

Pour terminer ces arpèges voici un exercice assez complexe où le pouce joue en alternance corde de Mi corde de Ré.
Cet exercice donne une bonne idée de la richesse rythmique et harmonique obtenue avec les laisons. (voir le hammer p.9).
L'écoute du CD est indispensable pour bien saisir le rythme.
Les doubles croches sont jouées ternaires.

Exercice 4

© 1997 Éditions Coup de Pouce

Tous droits réservés pour tous pays

■ Guitaristes vous souhaitez apprendre les accords ce dictionnaire est pour vous !

Plus de 900 positions d'accords utilisables en Rock, Blues, Jazz ...

Ce dictionnaire a été conçu comme une aide précieuse à l'étude de la guitare. Il contient plus de 900 positions d'accords trés répandus qu'un guitariste de niveau moyen peut rencontrer en jouant avec d'autres musiciens. Les diagrammes représentent le manche de votre guitare tel que vous le voyez en jouant. Complément indispensable des méthodes guitares. Le chapitre "enchaînement d'accords" comprend des formules d'accompagnement dans des styles divers (rock,blues,jazz,folk...) enregistrées sur le CD joint à ce dictionnaire.

Afin de visualiser rapidement chaque position, les diagrammes représentent le manche de votre guitare tel que vous le voyez en jouant.

Les battements

Si la technique des arpèges est importante, celle des battements est beaucoup plus variées et employée universellement dans tous les styles de musique. L'exécution précise des divers battements nécessite un sens du rythme développé. Le «swing» d'un morceau dépend toujours d'une bonne rythmique.

Les battements «brossés»

Le principe de ces battements est de «brosser» en rythme plusieus cordes à la fois avec la main droite. La main gauche a elle aussi un rôle très important : elle assure à la fois l'harmonie (accords) et une partie du rythme (blocage des cordes) sur certains battements. Les battements brossés sont composés de plusieurs phases qui s'enchaînent.

Phase 1

Le Pouce «brosse» les 3 basses.

Phase 2

Les 3 doigts (index, majeur, annulaire) «brosse» les autres cordes.

En fin de mouvement, la main se posera sur les cordes pour interrompre le son. En même temps, la main gauche relâchera sa pression sur les cordes tout en restant en position.

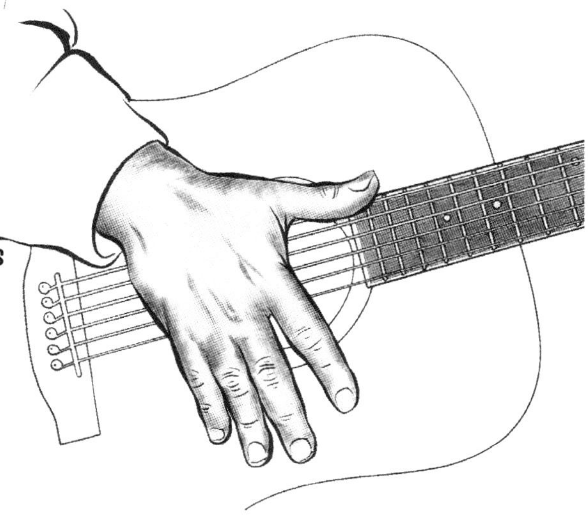

© 1997 Éditions Coup de Pouce

Tous droits réservés pour tous pays

Les battements

Exercice
1

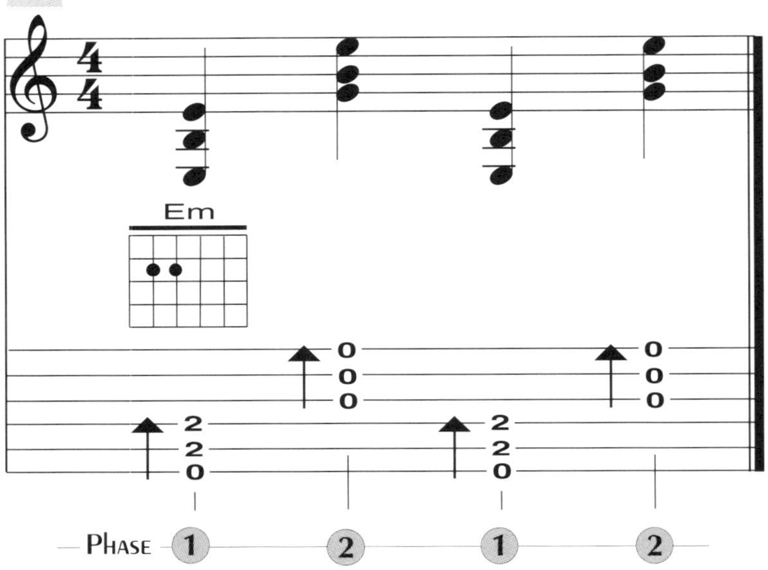

Pour cet exercice nous travaillerons uniquement sur l'accord de Mim, afin de nous concentrer sur le brossé des cordes de la main droite.
Sur le CD vous entendrez cet exercice joué à tempo lent, puis à tempo plus rapide.

Exercice
2

Nous appliquons ici le battement de l'exemple précédent sur une suite d'accords simples.

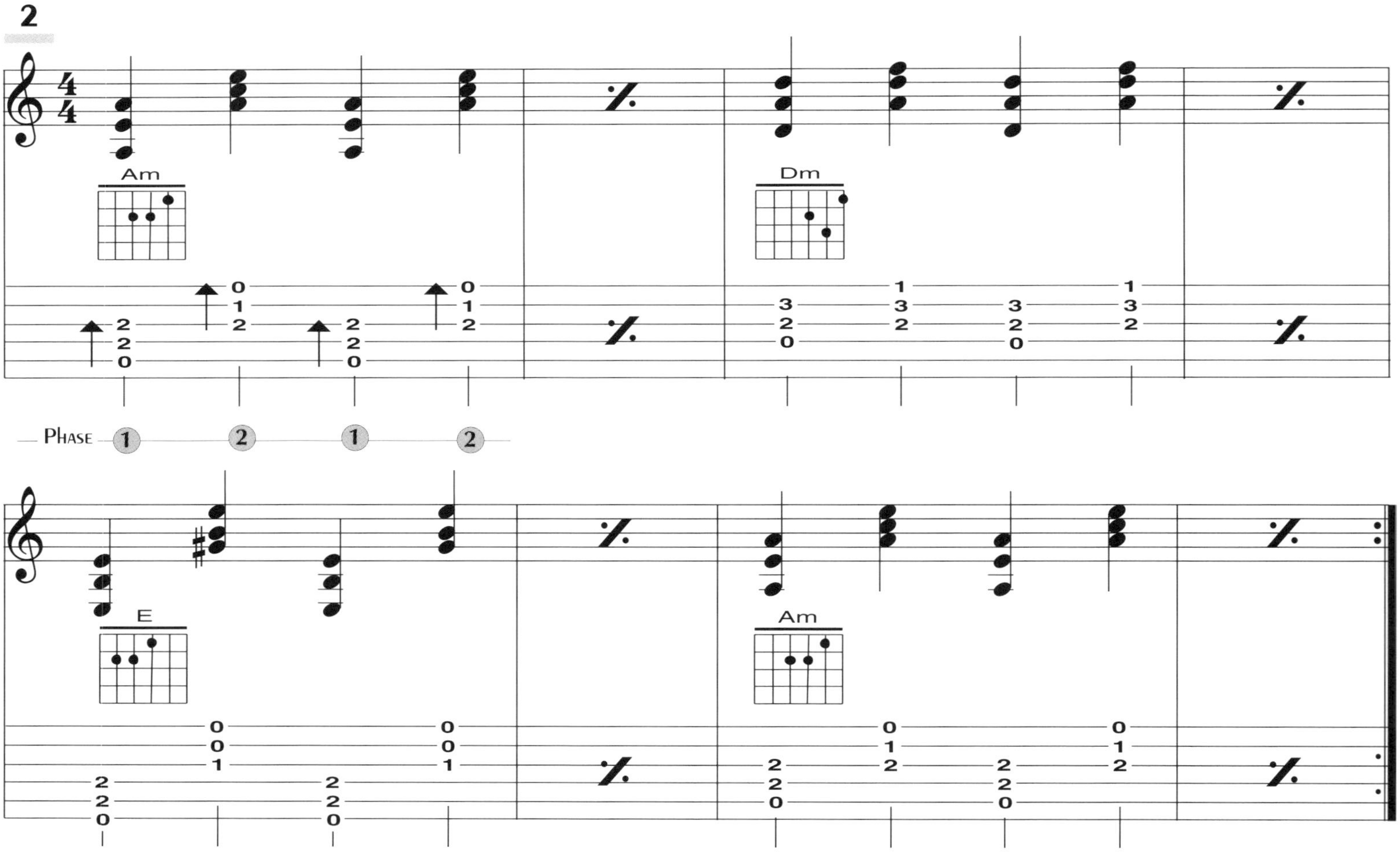

© 1997 Éditions Coup de Pouce

Tous droits réservés pour tous pays

Technique aux doigts

Les battements

Plages 16/17

Cet exemple est une variante de l'exercice précédent. Ce battement comporte une phase en plus : Attention les croches sont jouées ternaires.

Phase 1bis

Le pouce joue les cordes en remontant

Exercice

3

© 1997 Éditions Coup de Pouce

Tous droits réservés pour tous pays

Les battements

PLAGES 18/19

Pour cet exercice, afin de faciliter l'enchaînement entre les accords les cordes sont jouées à vide sur la 4ème croche de chaque accord. Cette technique est souvent utilisée, surtout à tempo rapide.

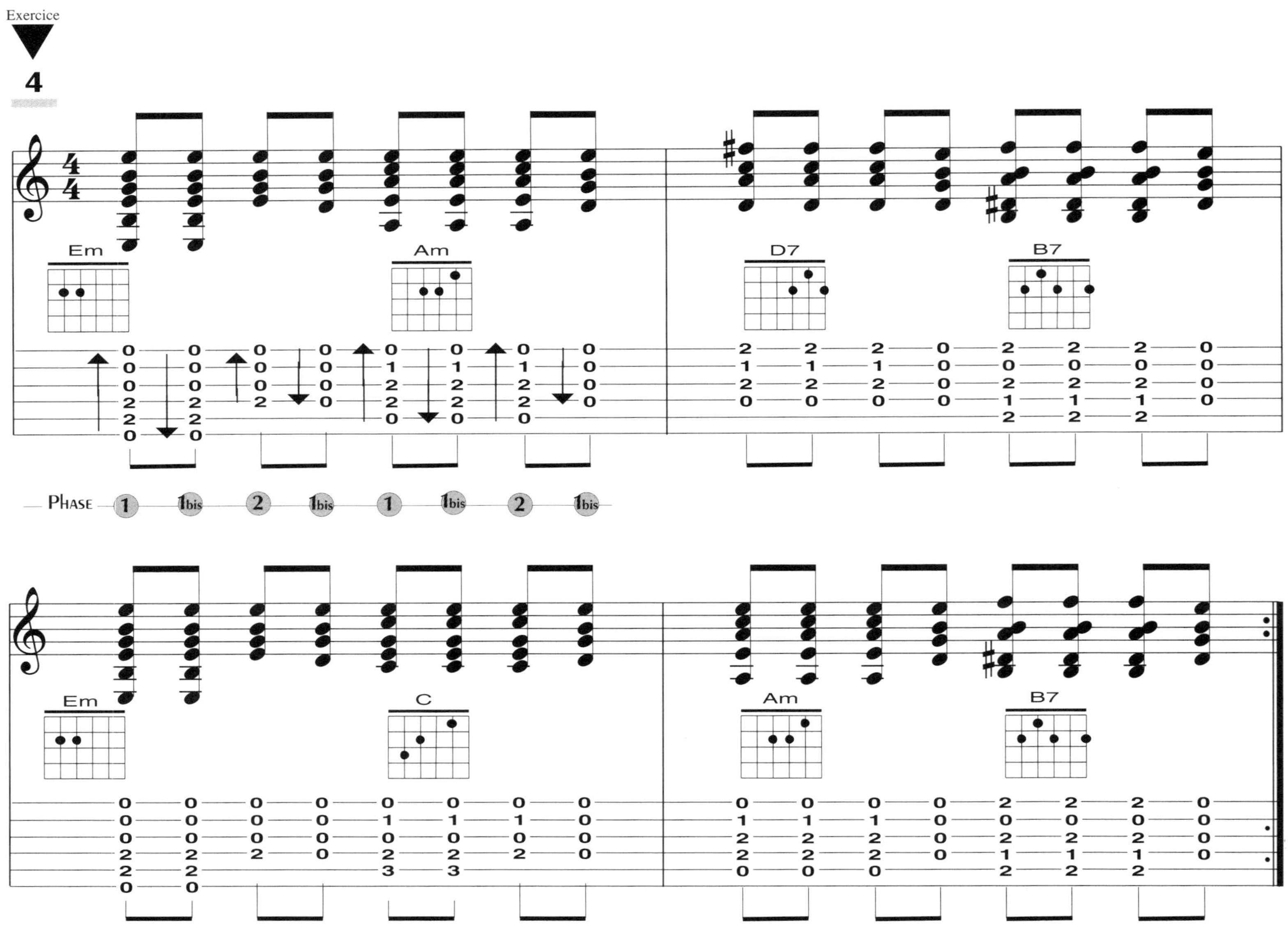

© 1997 Éditions Coup de Pouce

Tous droits réservés pour tous pays

Les battements

Les battements avec cordes «pincées»

Le principe de ces battements est de jouer avec tous les doigts de la main droite *(sauf le petit doigt)*.
❐ **1.** Le pouce joue les basses. ❐ **2.** les autres doigts pincent simultanément une corde chacun pour faire sonner les accords.
Pour ces battements, la main gauche a elle aussi un rôle très important puisqu'elle doit souvent interrompre la résonnance des cordes en coordination avec la main droite.

1 Le pouce joue les basses

2 Les autres doigts pincent les cordes

© 1997 Éditions Coup de Pouce

Tous droits réservés pour tous pays

Les battements

Dès que l'index, le Majeur et l'Annulaire ont joué l'accord, la main gauche relâche sa pression tout en restant en contact avec les cordes. Ce battement avec basses alternées entrecoupé d'accords brefs s'appelle «la pompe».

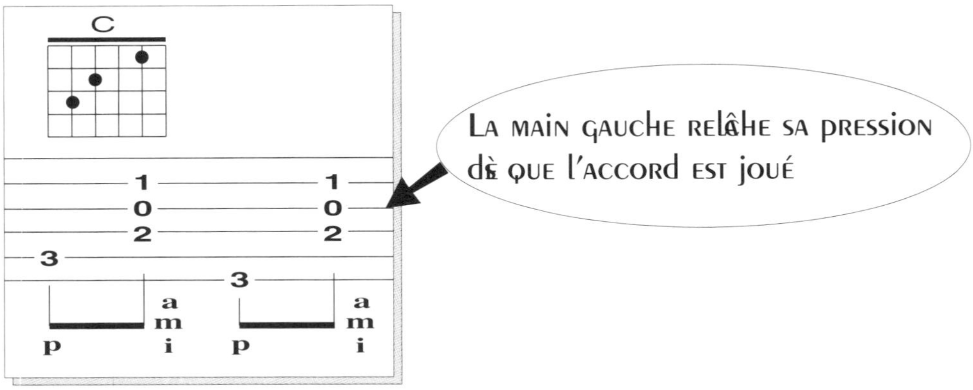

Exercice
1

© 1997 Éditions Coup de Pouce

Tous droits réservés pour tous pays

Les battements

Le «walking Bass»

Technique très utilisée en jazz, permet au guitariste non accompagné d'une basse d'enrichir son jeu. En effet, le pouce est utilisé pour jouer une ligne de basse, proche de ce que jouerait un contrebassiste. Les autres doigts ponctuent rythmiquement cette ligne de basse par des accords.

Exercice 2

En général, la basse la plus utilisée pour un accord est la fondamentale de cet accord. Voici un exemple où les basses sont toutes des fondamentales.

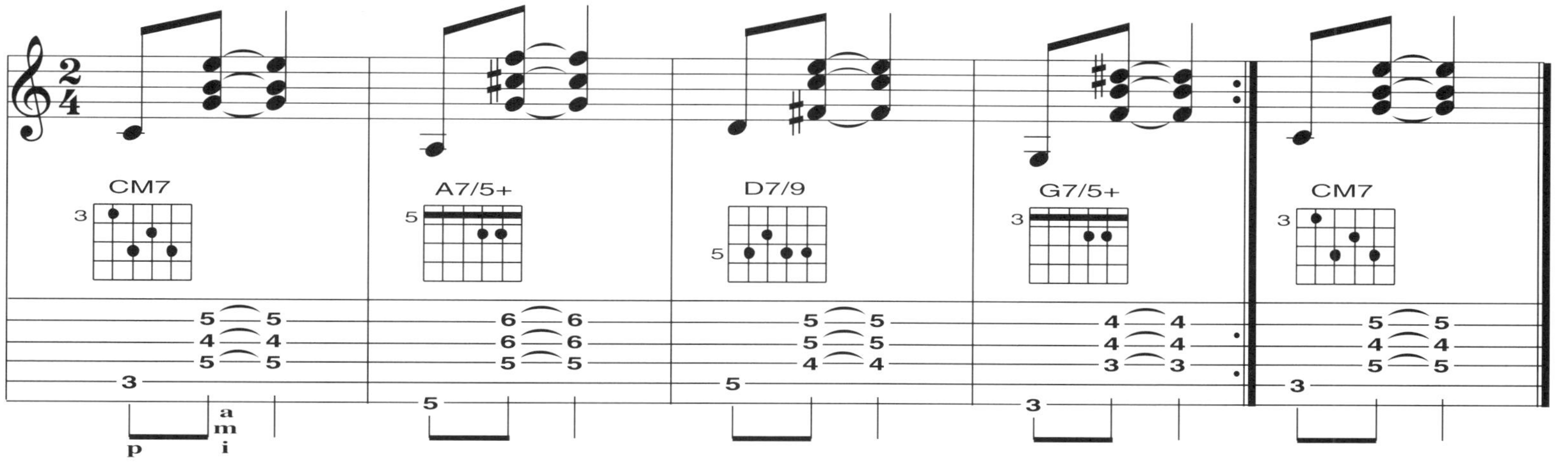

Exercice 3

Dans cet exemple, on enrichit la ligne de basses. La main gauche relâche sa pression en restant en contact avec les cordes pour interrompre le son dès que l'accord est joué. Les petits numéros à côté des notes indique le doigté pour la main gauche.

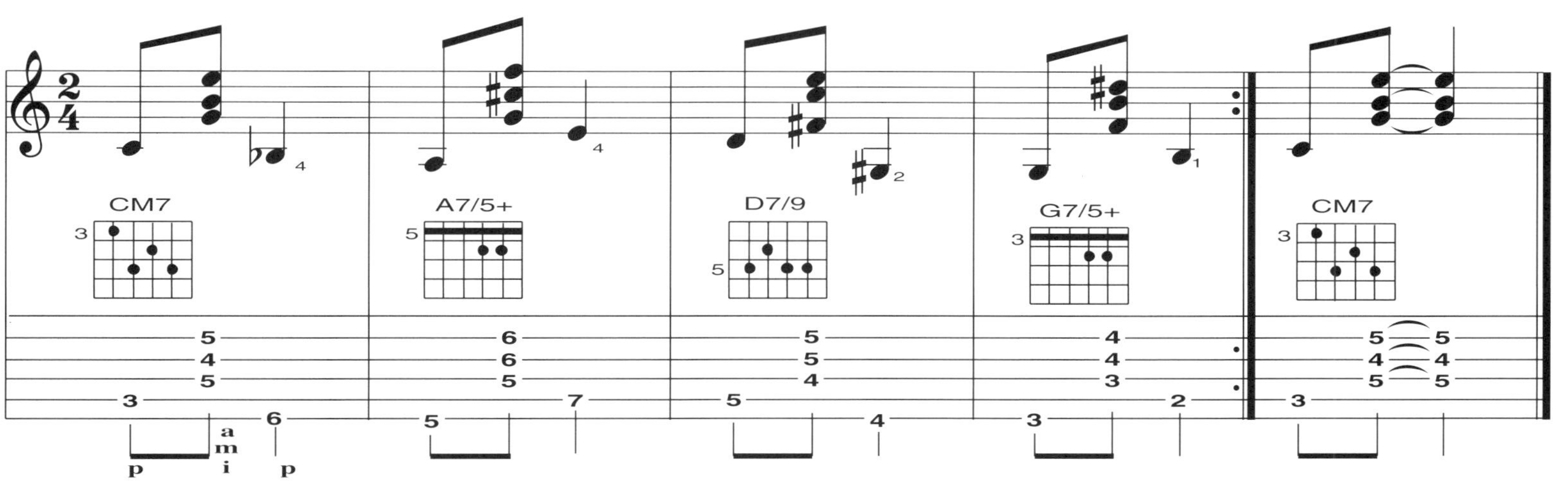

© 1997 Éditions Coup de Pouce

Tous droits réservés pour tous pays

Les battements

PLAGES 26 A 29

Bossa nova

Parmi les styles utilisant la technique des «cordes pincées», la bossa nova et le samba sont des exemples caractéristiques.

Exercice 4

Voici la base du rythme de la bossa nova, qui repose sur l'emploi de la double croche. L'écoute du CD est indispensable pour bien saisir le «balancement».

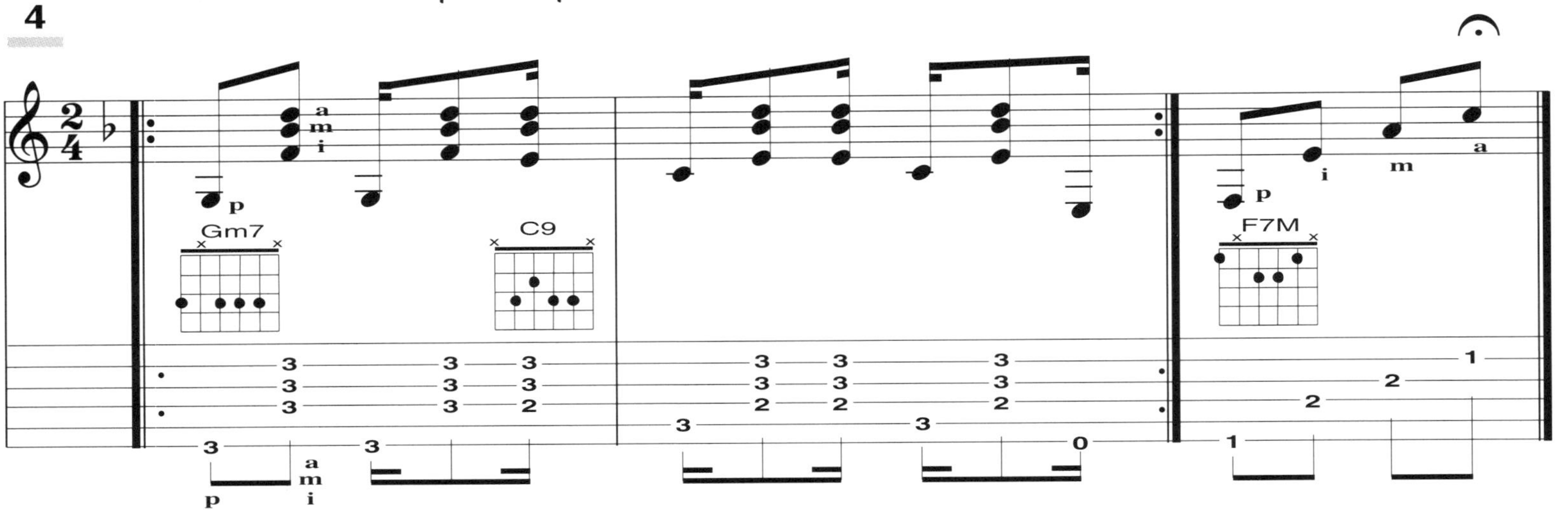

Exercice 5

Dans cet exercice on se sert de la corde à vide de ré pour changer d'accords. Cette corde à vide sera jouée avec l'index à la main droite.

© 1997 Éditions Coup de Pouce

Tous droits réservés pour tous pays

Technique au Médiator

Appelé Médiator ou Plectre, c'est un petit grattoir (plastique, corne, métal, bois, ivoire etc...) permettant de faire sonner les cordes. Il permet de jouer rapidement des suites de notes et d'attaquer les cordes avec force. C'est une technique complétement différente de la technique aux doigts.

La technique de l'aller-retour est fréquement utilisée dans le jeu avec médiator. Elle permet de jouer très rapidement et donne un meilleur balancement, surtout à tempo rapide.

Le coup de médiator vers le bas sera indiqué par ce signe Λ

Le coup de médiator vers le haut sera indiqué par ce signe V

Le tenir

❶

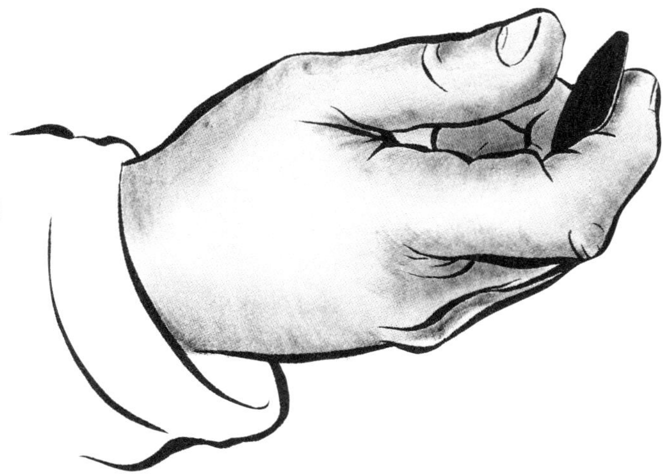

❷

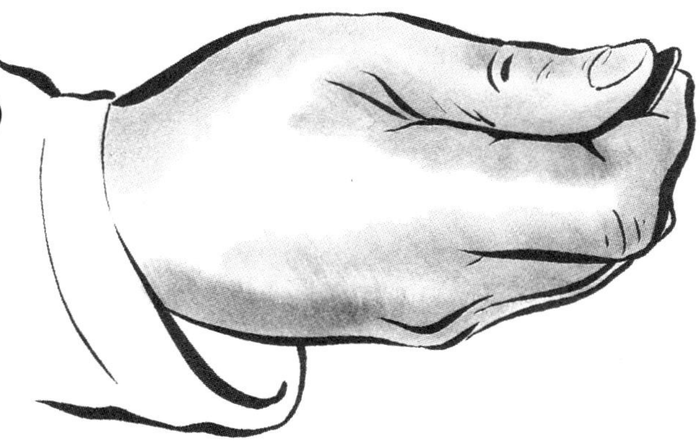

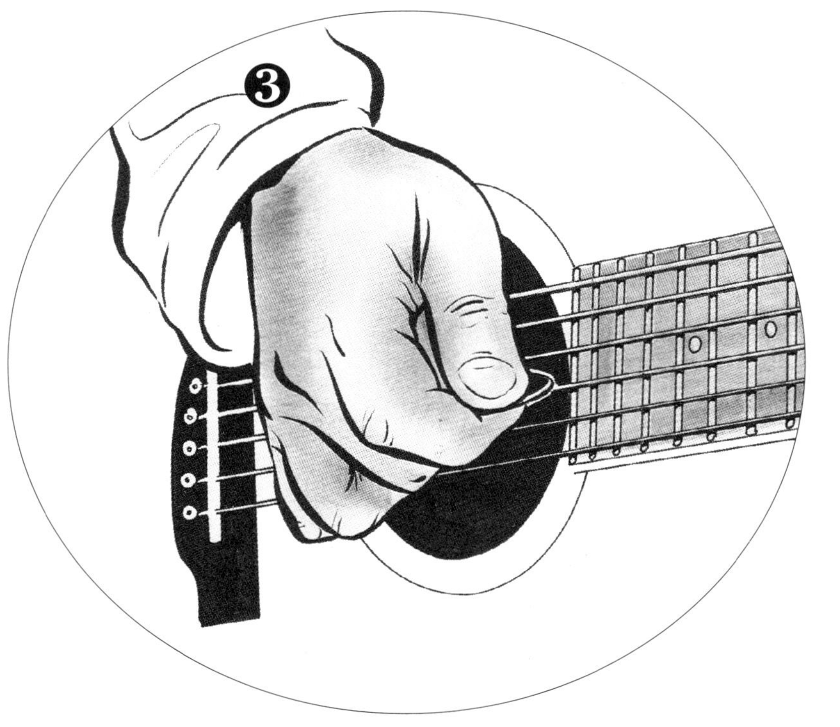

© 1997 Éditions Coup de Pouce

Tous droits réservés pour tous pays

Technique au Médiator

Les battements

PLAGES 31/32

Battement Blues

Pour cette rythmique travaillez lentement au départ en soignant les changements de position. Tous les coups de médiator seront joués vers la bas.

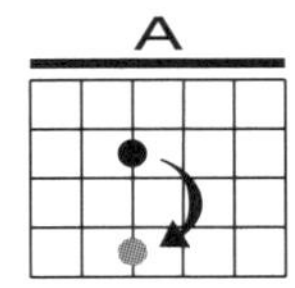

Exercice

1

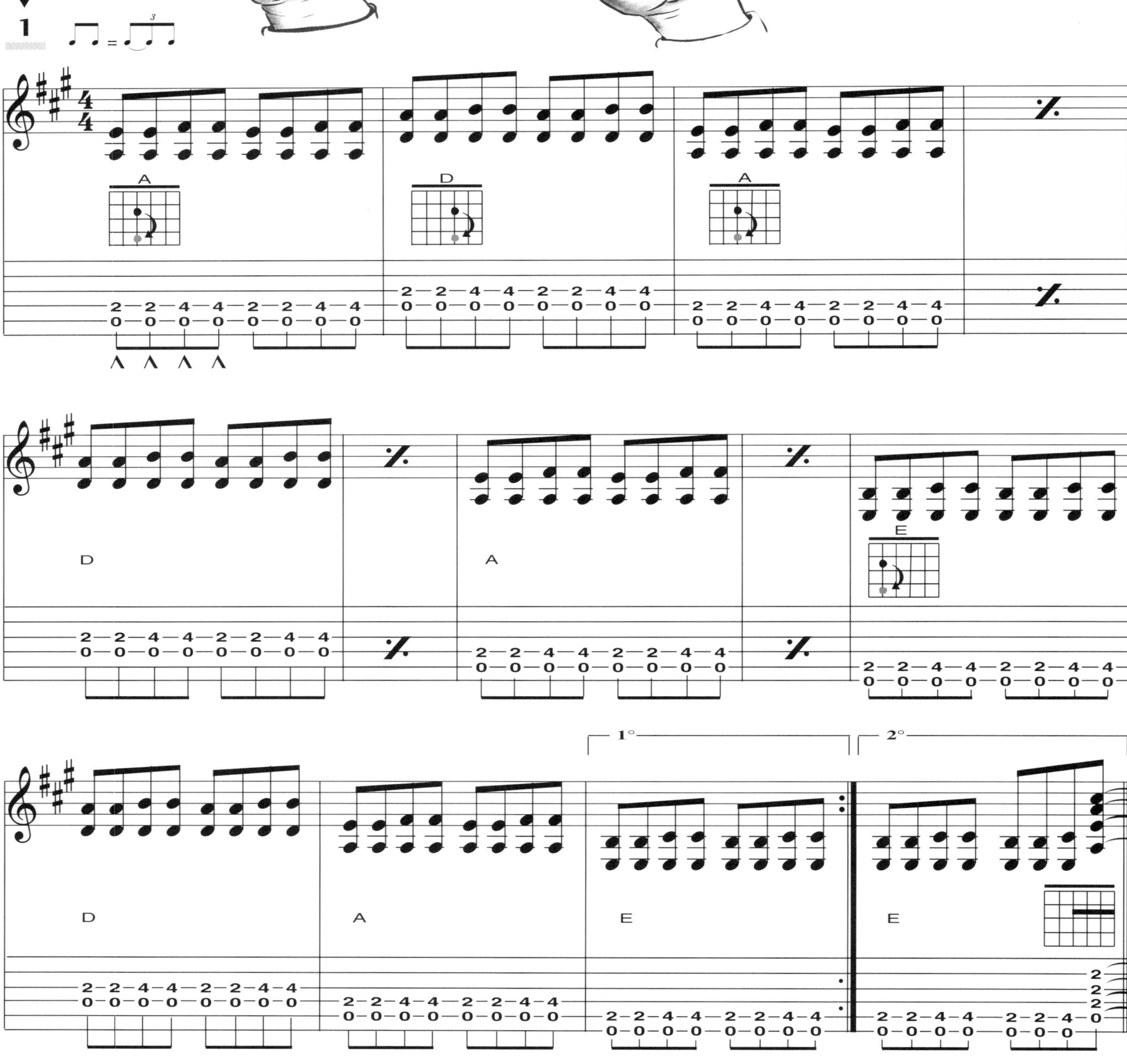

© 1997 Éditions Coup de Pouce

Tous droits réservés pour tous pays

Les battements

PLAGES 33/34

Battement Rock

Exercice
2

Une rythmique classique en la majeur. Attention aux liaisons entre chaque mesure (voir p.8).
Tous les coups de médiator seront joués vers le bas. Écoutez bien le CD.

© 1997 Éditions Coup de Pouce

Tous droits réservés pour tous pays

Les battements

Battement Jazz

Voici un accompagnement caractéristique du style jazz. Nous travaillerons ce blues en sol sur une grille d'accord.
Le médiator joue les cordes de haut en bas et, en même temps, la main gauche relâche sa pression, le son est donc étouffé (voir dessins).
Une grille harmonique permet de représenter l'accompagnement d'un morceau complet. Chaque case représente 4 temps.
Une grille coupée en deux représente 2 temps par accord.

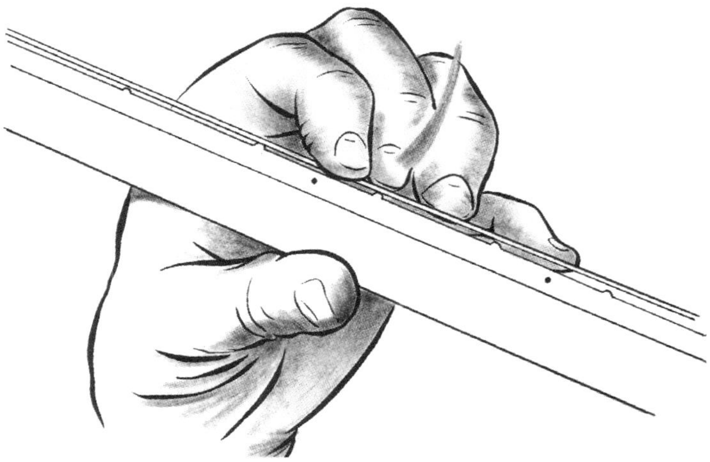

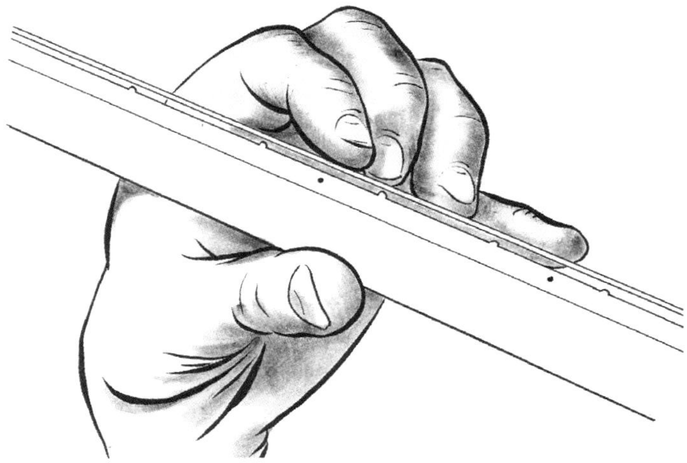

Exercice
3

Grille d'accords pour Accompagnement

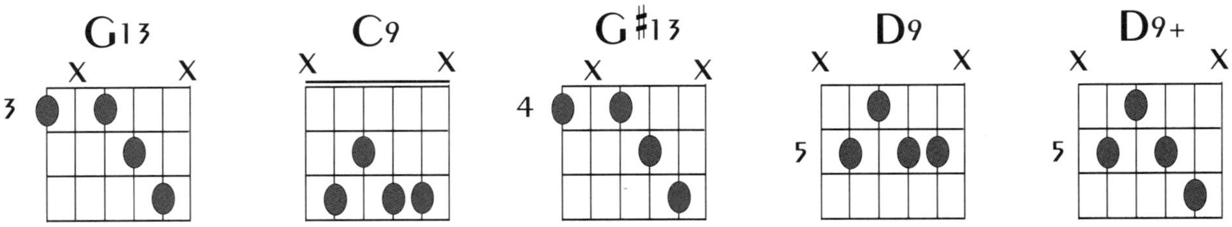

G13	C9	G13 / G#13	G13
C9	./.	G13 / G#13	G13
D9	C9	G13 / G#13	G13 /

© 1997 Éditions Coup de Pouce

Tous droits réservés pour tous pays

GREENSLEEVES

PLAGE 37

Un morceau classique assez simple pour débuter ce chapitre. Pour le doigté de la main gauche respectez les explication de la page 13. Du fait du tempo médium de ce morceau, il n'y a pas de version lente enregistrée sur le CD.

© 1997 Éditions Coup de Pouce

Tous droits réservés pour tous pays

Le Pénitencier

PLAGE 38

The house of the rising sun

Paroles originales et musique de Alan Price adaptation française de Vline Buggy et Hugues Aufray

Un morceau incontournable pour guitaristes débutants interprété par le groupe les Animals, adapté et rendu célèbre en France par Johnny Hallyday. Voici sur cette page une version simplifiée de l'accompagnement de ce morceau joué en arpège. La page suivante est une version proche de l'original jouée au médiator où tous les coups seront joués vers le bas. Dans cette version le rythme de cet arpège est différent, afin de clarifier la lecture de ce rythme, nous avons simplifié l'écriture (voir notation). Pas de version lente enregistrée sur le CD du fait du tempo médium.

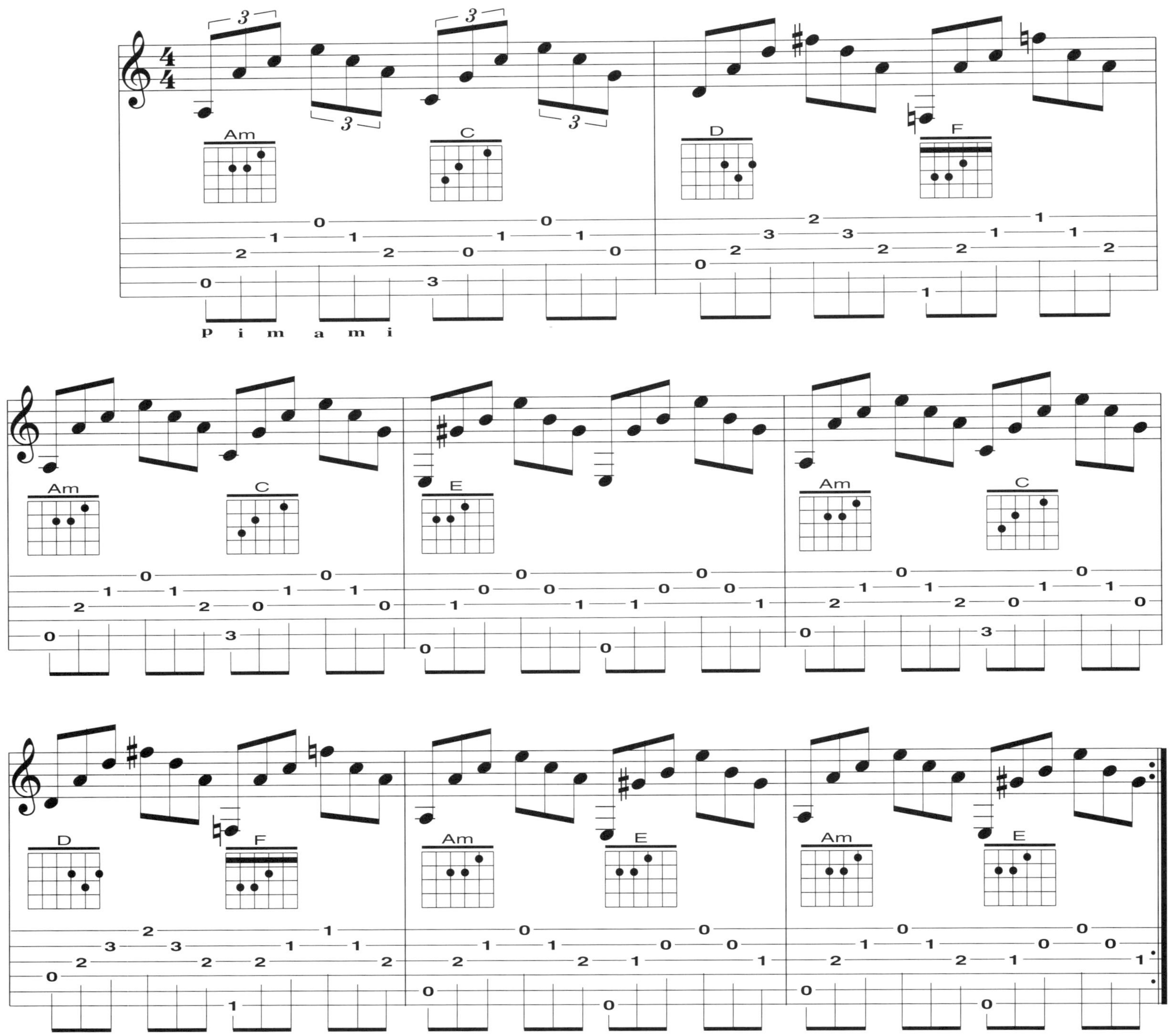

© 1964 by KEITH PROWSE MUSIC PUB CO LTD C/O EMI MUSIC PUBLISHING Ltd
pour la France et territoires Sacem: C/O EMI Music Publishing France SA

Tous droits réservés pour tous pays

Le Pénitencier

PLAGE 38

The house of the rising sun

Paroles originales et musique de Alan Price adaptation française de Vline Buggy et Hugues Aufray

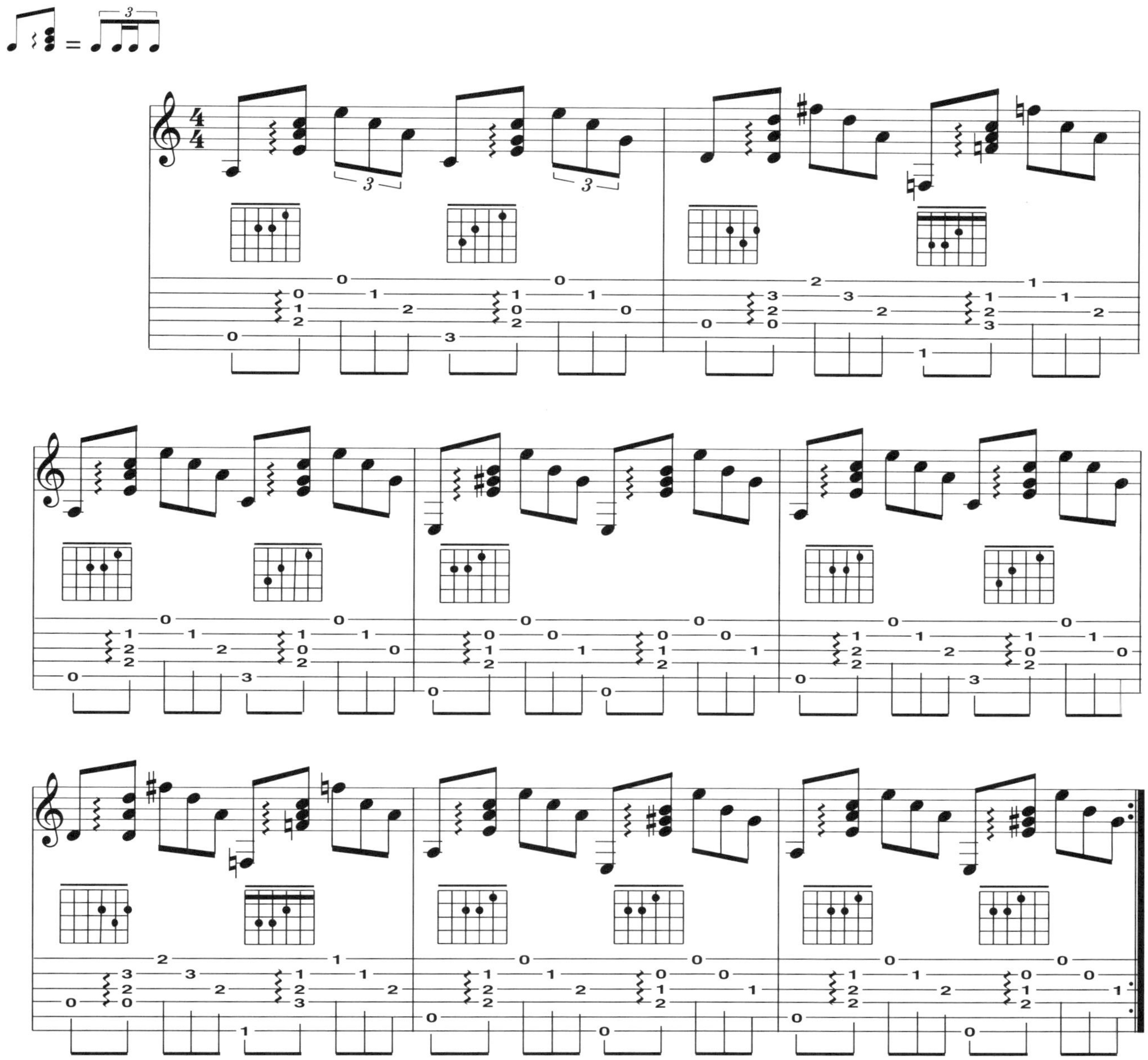

Am C D F
Les portes du pénitencier
Am C E
Bientôt vont se fermer
Am C D F
Et c'est là que je finirai ma vie
Am E Am C / D F / Am E / Am E /
Comm' d'autres gars l'ont finie

Pour moi ma mère a donné
Sa robe de mariée
Peux-tu jamais me pardonner
Je t'ai trop fait pleurer
Le soleil n'est pas fait pour nous
C'est la nuit qu'on peut tricher
Toi qui ce soir a tout perdu
Demain tu peux gagner

O mères, écoutez-moi
Ne laissez jamais vos garçons
Seuls la nuit traîner dans les rues
Ils iront tout droit en prison
Toi la fille qui m'a aimé
Je t'ai trop fait pleurer
Les larmes de honte que tu as versées
Il faut les oublier

Les portes du pénitencier
Bientôt vont se fermer
Et c'est là que je finirai ma vie
Comm' d'autres gars l'ont finie

© 1964 by KEITH PROWSE MUSIC PUB CO LTD C/O EMI MUSIC PUBLISHING Ltd
pour la France et territoires Sacem: C/O EMI Music Publishing France SA

Tous droits réservés pour tous pays

Quelque chose de Tennessee

Plages 39/40

Paroles et musique de Michel BERGER

Un arpège sur des accords «super sympa» pour l'accompagnement de ce morceau signé Michel Berger.
Il existe plusieurs versions de ce morceau chanté par Johnny Hallyday où l'arpège est souvent différent.
Nous vous donnons sur cette page l'arpège joué dans l'intro mais vous pouvez bien sûr garder cette arpège tout le long du morceau. La 5éme mesure comporte un «pulling-off» (voir explication page 10).

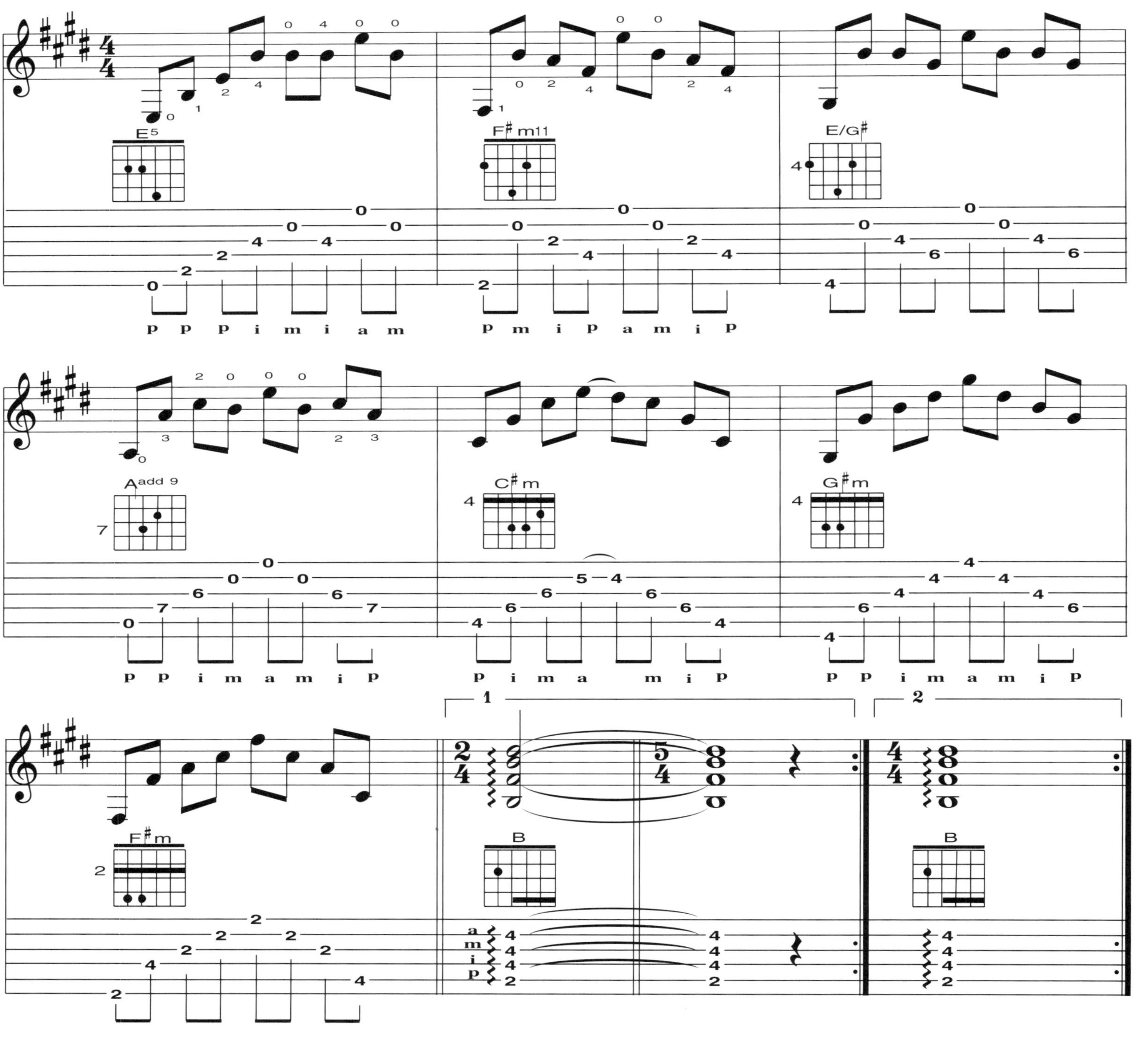

© 1985 BY APACHE FRANCE (Collection MBM)
© 1989 BY POLYGRAM EDITIONS

Tous droits réservés pour tous pays

Quelque chose de Tennessee

Paroles et musique de Michel BERGER

Parlé

Ah vous autres hommes faibles et merveilleux
Qui mettez tant de grâce à vous retirer du jeu
Il faut qu'une main posée sur votre épaule
Vous pousse vers la vie ... cette main tendre et lègére

E5
On a tous en nous quelque chose de Tennessee
F#m11 E/G#
Cette volonté de prolonger la nuit
A add9 C#m
Ce désir fou de vivre une autre vie
G#m F#m
Ce rêve en nous avec ses mots à lui
B E5
Quelque chose de Tennessee
F#m11 E/G#
Cette force qui nous pousse vers l'infini
A add9 C#m
Y'a peu d'amour avec tell'ment d'envie
G#m F#m
Si peu d'amour avec tell'ment de bruit

B E5 F#m11 E/G# A add9 C#m G#m F#m
Quelque chose en nous de Tennessee

B E5
Ainsi vivait Tennessee
Le coeur en fièvre et le corps démoli
Avec cette formidable envie de vie
Ce rêve en nous, c'était son cri à lui

E5 F#m11 E/G# A add9 C#m G#m F#m
Quelque chose de Tennessee

B
Comme une étoile qui s'éteint dans la nuit
A l'heure où d'autres s'aiment à la folie
Sans un éclat de voix et sans un bruit
Sans un seul amour, sans un seul ami

E5 F#m11 E/G# A add9 C#m G#m F#m
Ainsi disparut Tennessee

B
A certaines heures de la nuit
Quand le coeur de la ville s'est endormi
Il flotte un sentiment, comme une envie
Ce rêve en nous, avec ses mots à lui

E5 F#m11 E/G# A add9 C#m G#m F#m
Quelque chose de Tennessee

E5 F#m11 E/G# A add9 C#m G#m F#m
Quelque chose de Tennessee oh oui Tennessee

E5 F#m11 E/G# A add9 C#m G#m F#m
Y'a quelque chose en nous de Tennessee oh oui Tennessee

E5 F#m11 E/G# A add9 C#m G#m F#m
Y'a quelque chose en nous...(ad lib.)

© 1985 BY APACHE FRANCE (Collection MBM)
© 1989 BY POLYGRAM EDITIONS

Tous droits réservés
pour tous pays

The Entertainer

PLAGES 41/42

L' ARNAQUE

Musique de Scott Joplin

Un ragtime rendu célèbre par le film l'Arnaque, interprété au piano. Voici un arrangement pour guitare de la première partie de ce morceau. Attention il faut accorder votre corde de mi 6éme en ré. Respectez bien les doigtés main droite et main gauche. Le départ se fait sur le 4éme temps.

Corde de mi6 = ré

© 1997 Éditions Coup de Pouce

Tous droits réservés pour tous pays

© 1997 Éditions Coup de Pouce

Tous droits réservés
pour tous pays

Jeux Interdits

Romance

Musique de Narciso Yépès extraite de la partition du film de René Clément

Rendu célèbre par le film de René Clément Jeux Interdits, cette musique comprend plusieurs thèmes.
La Romance est le morceau incontournable pour guitariste. Nous vous donnons ici la partie la plus simple de cette pièce, car la 2ème partie est assez difficile à jouer due à ses extensions main gauche.
Pour les courageux, notez que le version complète existe en solfège ou en tablature aux Editions Transatlantiques.
Il n'y a pas de version lente enregistrée sur le CD du fait du tempo médium de cette pièce.

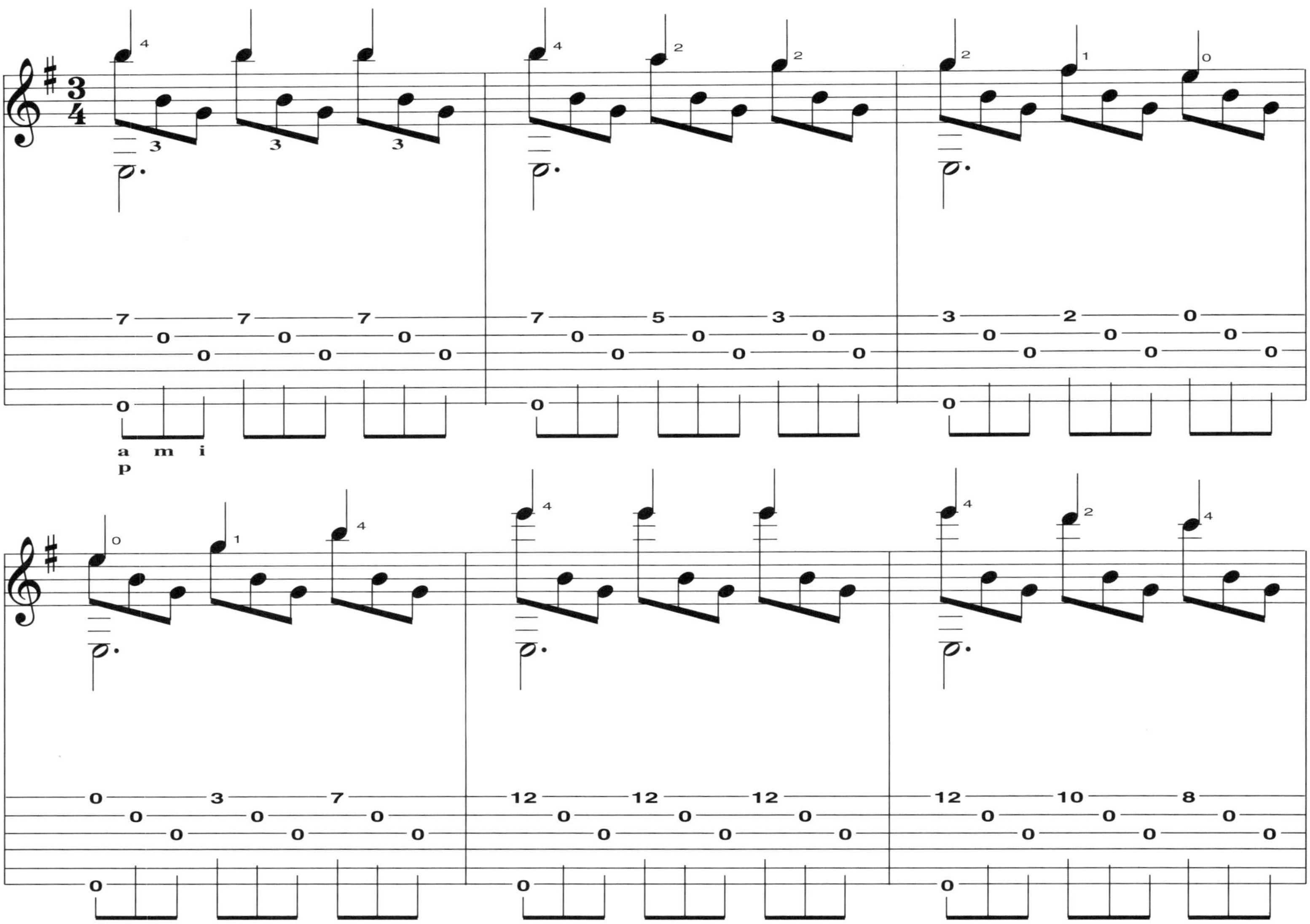

La partition complète de «jeux interdits» est disponible aux Editions Transatlantiques sous les références suivantes :
.TROO 00227/1(version normale) .TROO 1600 (version tablature)

© 1953 BY EDITIONS TRANSATLANTIQUES, PARIS

Tous droits réservés pour tous pays

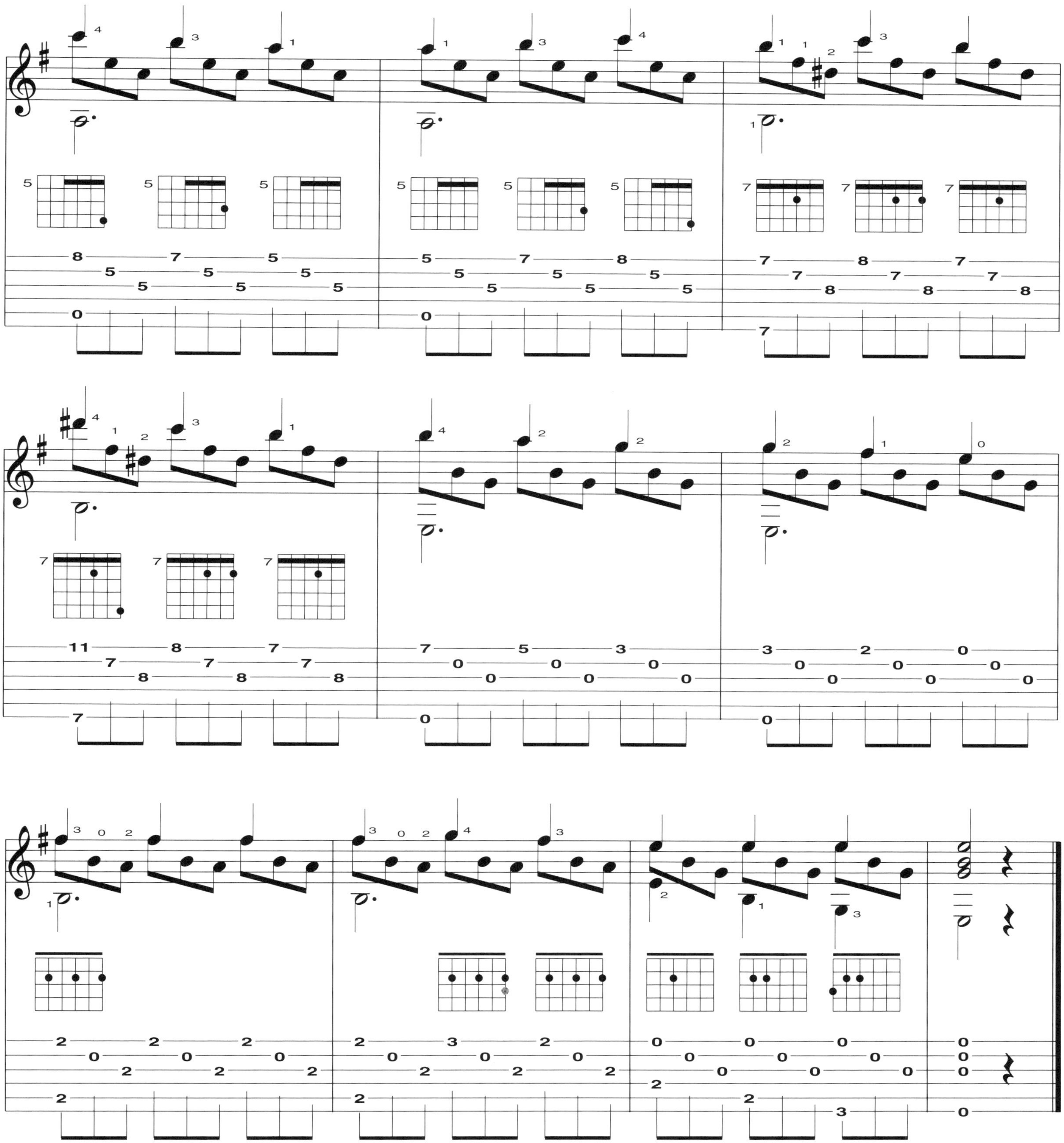

© 1953 BY EDITIONS TRANSATLANTIQUES, PARIS

Tous droits réservés
pour tous pays

TAKE FIVE

PLAGES 44/45

MUSIQUE DE PAUL DESMOND

Un standard du jazz à 5 temps joué au saxophone par Paul Desmond, où la tonalité originale est mi bémol.
Voici une version simplifiée pour guitare où les deux accords principaux sont solm et rém7.
Le thème (solo) est joué au médiator et l'accompagnement noté en tablature, sera joué aux doigts à la main droite.
La difficulté de ce morceau est le passage des accords du pont (2éme partie) page de droite.
Il est possible de jouer la première partie du thème avec un barré à la main gauche et bien sûr en aller retour pour la main droite.

© 1960 ÉDITIONS DERRY MUSIC C / BUDDE MUSIC FRANCE
Tous droits réservés pour tous pays

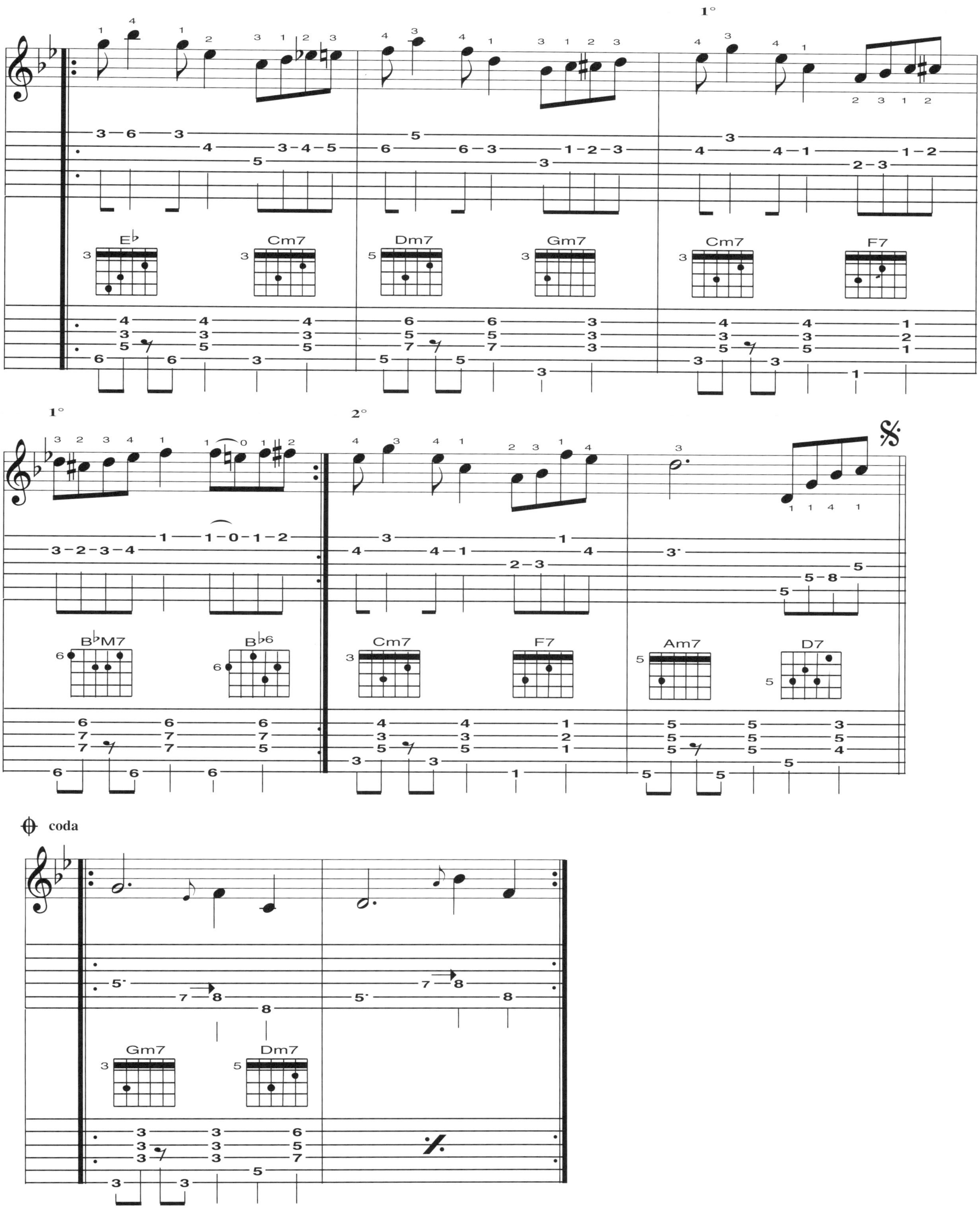

© 1960 ÉDITIONS DERRY MUSIC C / BUDDE MUSIC FRANCE

Tous droits réservés pour tous pays

Guitar Boogie

PLAGES 46/47

Musique de Arthur SMITH

Ce morceau d'un bon niveau joué tout au médiator en aller-retour, comprend dans la version originale un thème principal et une longue improvisation. Nous vous donnons dans cette méthode le thème principal et la partie la plus simple de l'improvisation. La difficulté de ce morceau réside surtout dans son tempo rapide.

Travaillez avec beaucoup de précision les liaisons frappées (voir hammer page9) du thème principal où seule la première note est attaquée par le médiator et les notes suivantes jouées uniquement avec la main gauche.

Interprétation ternaire bien sûr !

INTRO

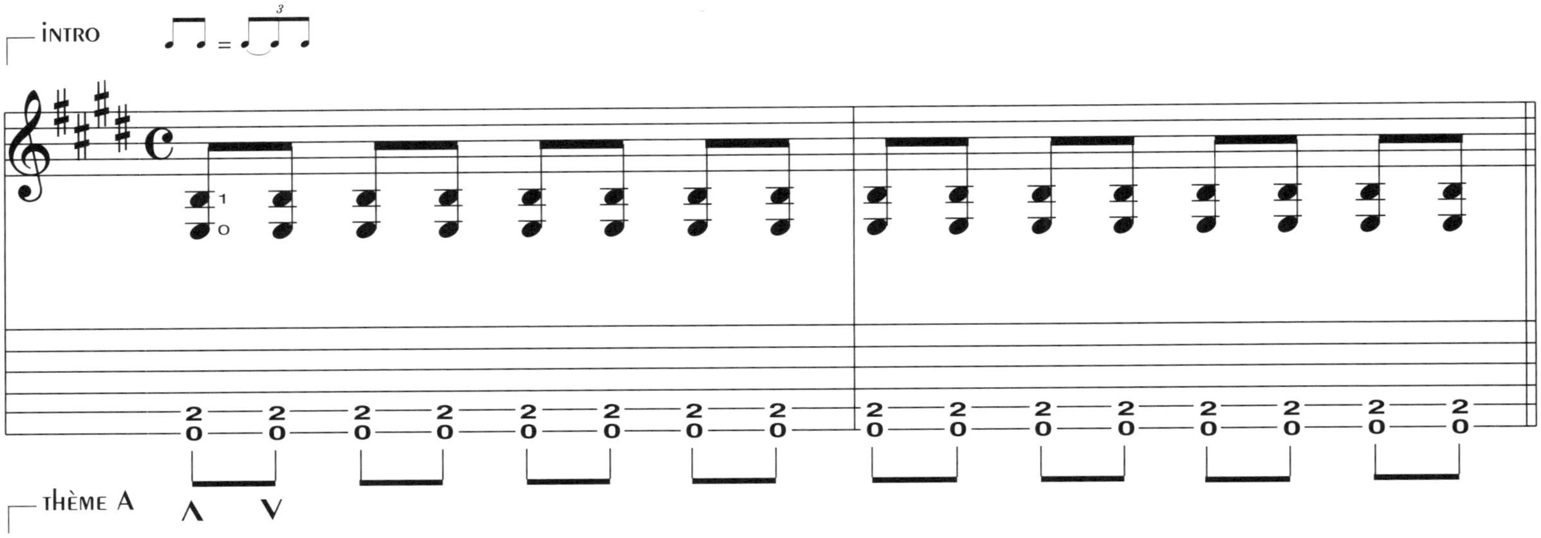

THÈME A

© SHAPIRO, BERNSTEIN & CO INC.
MCA CARAVELLE MUSIC FRANCE (catalogue caravelle)

Tous droits réservés pour tous pays

B7
E
thème B
E
A
E
B7
E
impro

Guitar Boogie

© SHAPIRO, BERNSTEIN & CO INC.
MCA CARAVELLE MUSIC FRANCE (catalogue caravelle)

Tous droits réservés
pour tous pays

Grille d'accords pour l'accompagnement

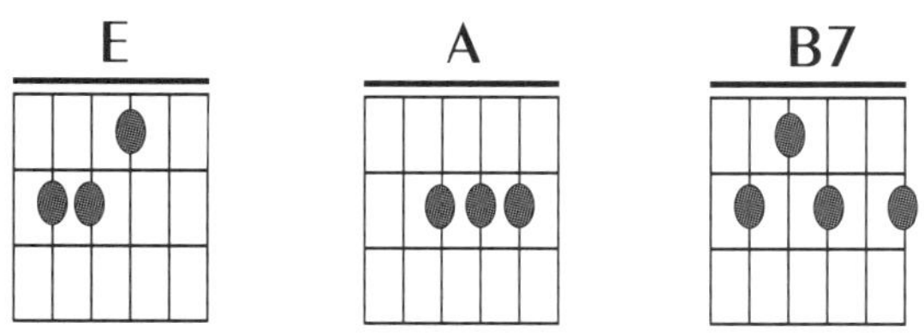

E	⁒	⁒	⁒
A	⁒	E	⁒
B7	⁒	break la 4 éme fois E	⁒

Asturias

Plages 48/49

Musique de I. Albeniz

Qui ne connait cet extrait des chants d'Espagne pour guitare classique.
La partition originale est assez longue et difficile, mais les plus courageux peuvent se la procurer sans problème chez de nombreux éditeurs. Pouce, Index, Majeur, pour la main droite tout le long du morceau.

© 1997 Éditions Coup de Pouce

Tous droits réservés pour tous pays

CHICKEN REEL

PLAGES 50/51

Histoires sans paroles

Un standard du folklore Américain qui servit d'illustration musicale aux histoires sans paroles de télé. Pas évident à jouer surtout à tempo rapide. Enregistré sur le CD avec guitare et banjo guitare.

© 1997 Éditions Coup de Pouce

Tous droits réservés pour tous pays

Blues guitare

Plages 52/53

Un blues en tonalité de mi majeur utilisant la technique du slide (voir le slide page 11).

© 1997 Éditions Coup de Pouce

Tous droits réservés pour tous pays

Ingraf s.r.l. - Milano - Printed in Italy 2008